美しく生きる女のお金の作法

高財商女子養成術

大竹乃梨子／著　泉 正人／監修　劉力瑋／譯者

26 個生活小習慣培養理財意識，
讓你擁有富人思維！

被金錢寵愛的人都深諳理財之道

「想成為自己想成為的那種人」

「想去旅遊，休養身心」

「想打扮得漂漂亮亮地去聚餐」

「購物的時候不想再糾結於價格」

「想消除對於未來的不安」

「想挑戰一下自己真正喜歡的工作」

大家心裡應該都有過以上這些想法吧。然而，無論想要做些什麼，一旦和金錢有關，難免會猶豫不決或心生不快，無法隨心所欲地享受當下。

當生活遇到困難時，金錢可以幫助我們渡過難關。

對未來心生焦慮時，金錢可以消除我們的煩惱。

開始嘗試新事物時，金錢是我們堅固的後盾。

當別人遭遇苦難時，金錢是助人為樂的法寶。

金錢，對於我們的生活十分重要。

有人覺得「不用太過考慮錢的事」、「想要快樂地生活和錢沒關係」，與其像這樣逃避金錢的話題，不如和金錢成為夥伴，借助金錢享受自己想要的生活。

金錢，能夠真實地反映出一個「人」的樣子。

有的人聚餐結帳時想和朋友平攤費用，結果友情就變淡薄了；有的人被向自己借錢的朋友所背叛；有的人對自己的錢斤斤計較，花別人的錢卻大手大腳；有的人因為金錢觀不一樣而分手；有的人想用金錢收買別人……

有的人覺得能用飽含愛的方式為別人花錢的人，是光彩照人的；有的人以擁有自己過著並不奢華的生活卻會用心幫朋友挑一份禮物的好友而開心；有的人覺得認真記帳、踏實過日子的人讓人放心；有的人認為能夠好好地管理公司經費的人值得

依靠；有的人覺得與金錢觀相近的人做朋友會更長久……

使用金錢的方式反映了一個人真實的品格。擁有良好用錢習慣的人，不僅被眾人喜愛，身邊也有很多保持同樣理財觀念的朋友。

而這一切都與使用金錢的方式息息相關。

金錢，是反映你自己的一面鏡子。

若是抱著這樣的想法與金錢打交道，就能清楚地明白一個人為了活出自我，需要先養成哪些習慣。

人的一生沒有錢是萬萬不能的。然而，金錢的話題卻不太常被提及。無論是學校課本裡、家庭教育中，也很少會出現教大家學習如何賺錢的機會。

我在本書中為大家列出 26 個培養財商的小習慣，只要將它

們融入日常生活中，就能掌握被錢寵愛的方法，讓你不再為存不到錢而擔憂。

掌握了這些理財之道以後，每天你都會有新的發現。如果周圍的朋友也都懂得靈活運用生錢之術，你的生活將會變得更加幸福、快樂。

這些美好的小習慣能夠立刻改變你的明天。

你打算在以後的日子裡，嘗試哪種方法呢？從你能力所及的事情開始，逐一嘗試看看吧。

目錄 *Contents*

Part 1 ✦ 女人該如何愛惜自己

習慣① 每天早上醒來，為自己泡一杯美味的茶　　012

習慣② 活用走路時間，實現自我管理　　018

習慣③ 了解物品的成本，
將包包裡的物品控制在七件以內　　022

習慣④ 試想自己一年後的樣子，再決定今天的午餐　　028

習慣⑤ 保持優美的體態，自然能夠存到錢　　035

習慣⑥ 打造個性化書架是培養財商的捷徑　　039

專欄1 女性在進行職業規劃時，
要考慮終身年收入與隱形年收入　　043

Part 2 ✦ 女人該如何磨練自己

習慣⑦ 旅遊的時候不買名產　　050

習慣⑧ 睡前寫下明日計劃　　053

習慣⑨ 每天一分鐘確認支出，每週五分鐘清空壓力　　056

習慣⑩ 服飾、化妝品、髮型、美甲，
平衡你的「美麗投資」 060

習慣⑪ 與其花錢買東西，不如花錢買經驗 069

習慣⑫ 通過張弛有度的消費優化家庭收支 075

習慣⑬ 錢包是家庭支出的秘密空間，儘量選用小錢包 080

專欄2 真的需要這份保險嗎？
單身女性唯一應該買的是這種保險 085

Part 3 ✦ 女人該如何提升自己

習慣⑭ 與錢相關的資料全部收納在「私人保險箱」裡 090

習慣⑮ 猶豫不決時，等七天後再做決定 093

習慣⑯ 提高挑選伴手禮的審美觀 098

習慣⑰ 只蒐集高品質的資訊 102

習慣⑱ 思考金錢的「目的地」 106

習慣⑲ 「錢」不琢不成器 109

專欄3 一直租屋還是買房？優質生活的居住計劃 116

Part 4 ✦ 女人該如何拓展自己的 人生軸與金錢軸

習慣⑳ 成為關心他人支出和時間的女性　124

習慣㉑ 就算談戀愛，也要提高財商　128

習慣㉒ 想像一下你的最低限度生活支出　132

習慣㉓ 如果感到迷惘，就投資自己　136

習慣㉔ 立刻把自己從現在和未來的 雙重焦慮中解放出來　140

習慣㉕ 描繪自己十年後的理想生活　145

習慣㉖ 如同深呼吸一般，延伸你的金錢軸　149

專欄 4 成為媽媽後應該了解的「教育經費」和 「技能學習成本」規則　152

結　語 財商成就女性魅力　156

Part 1

女人該如何愛惜自己

習慣①

每天早上醒來，
為自己泡一杯美味的茶

試著回想一下，今天早上醒來的那一瞬間。起床之後，你首先會做些什麼來迎接新的一天呢？

也許很多人覺得早上時間非常匆忙，又要梳洗打扮，又要吃早餐，忙得心急如焚，哪有時間做額外的事情。不過，正因為早晨如此忙碌，我才更希望大家能養成一個新習慣——預留一些時間，為自己泡一杯美味的好茶，細細品味。

這其實是提高「金錢修養」非常重要的第一步。

克服早上不想起床的習慣，從試著每天早起十分鐘開始。然後播放自己喜歡的音樂，到廚房燒一壺開水，在茶壺中放入一些茶葉，為自己沏上一壺美味的早茶。至於茶的種類，可以是紅茶、花草茶或風味茶。當然，咖啡也可以。總之，只要是自己喜歡的種類就好。

　　將開水倒入茶壺中，等待茶葉慢慢舒展開來，讓整個房間茶香四溢，便可以悠閒地享用美味的早茶了。如果可以的話，挑選一個自己喜歡的茶杯。好好地享用一杯早茶後，再開始洗臉、化妝、準備早餐、叫醒家人⋯等日常準備活動。

　　有人可能會覺得不可思議：喝茶和金錢修養有什麼關係呢？事實上，早晨品茶的時光對於提高一個人的金錢修養，有以下幾種作用。

　　首先，透過品茶在生活中創造出寬裕的時間，我們的心中也會衍生出一種從容之感。

　　如果生活總是匆匆忙忙，腦海中充斥著的都是十分鐘後要做什麼、三十分鐘後要做什麼，如此「生活的時間軸」就會縮短。也就是說，如此一來，人只會在乎眼前的事情，從長遠眼光來判斷事物的思考能力則會逐漸衰退。

　　意識到這個「時間軸」，對於提高金錢修養是十分重要的。有些人僅考慮眼前，將資金週期設定為一天後、一週後、一個月後⋯對於他們來說，構建起十年後、二十年後能為他們帶來幸福的長效資金週期，是很困難的一件事。

相反地，能從比較長的時間軸來思考金錢問題的人，善於借助時間成本，活用自己手頭的資金，能收穫更多的財富。

在忙碌的早晨，儘量創造出寬裕的時間，這便是延長時間軸的一門功課。哪怕只是十分鐘，只要養成習慣，專注沉浸於那份閒適之中，你的「與金錢相關的時間軸」就會發生改變。

早晨的品茶時光，是為了讓我們感受到內心的從容，它還能夠鍛鍊我們「珍惜自我的感覺」。

一杯喜歡的茶，配上一個珍愛的茶杯。在不被任何人打擾的早晨，悠然自得地享受平靜中的美好時光。

對於愛錢，同時也被金錢「寵愛」的女性來說，她們很清楚「自己被滿足的感覺」，不會被社會上一時的潮流所左右，更不會人云亦云或隨波逐流。她們知道自己有一個不會輕易動搖的「獲取滿足感的標準」。

能使自己滿足的東西究竟是什麼？需要買多少才足夠呢？如果清楚這些問題的答案，就不會養成過度消費的習慣。

有一種感覺，是讓自己真正得到滿足感。為了鍛鍊這種感覺，養成享受專屬自己舒適時間的習慣非常重要。而最貼近我們生活且任何人都可以輕鬆實踐的，便是早晨的品茶時光了。而且不需要太多花費，就可以收穫這份奢侈的時光。

即便是高級一點的茶葉，其價格也是可以被接受的。因為如果換算成每一杯茶的價格，市售瓶裝茶可能反而更貴一些。這樣來看，其實是用最低的投資成本「滿足自己」，可說是一種性價比非常高的投資習慣。

正因為茶葉價格比較適中，所以就算多嘗試幾次，摸索並選擇自己喜愛口味的茶葉，也不會帶來太大的損失。「下次試著買些北歐的漿果茶吧！」像這樣，嘗試各種新口味也很有意思。還可以為探尋滿足自己的標準累積品味經驗，具有十分積極的意義。

不用花太多錢，就可以體會到「購買使自己滿足的物品」的感覺。掌握花錢最恰好的尺度，也是提高金錢修養時不可或缺的一種意識。

我之前非常喜歡喝「綠碧茶園（LUPICIA）」這個品牌的風味茶。最近我又喜歡上一款以烏龍茶為基底茶，添加了白桃風味的「白桃烏龍茶」。僅是聞到茶香，就會覺得十分放鬆。

當然，茶並不是唯一的選擇。有的人對於自己每天喝的「水」非常講究。我有位朋友很喜歡口感柔和的軟水，在試過很多種水之後，終於找到了最適合自己的優質好水。

朋友告訴我：「每當我喝水的時候，就會覺得，啊，實在是太好喝了，心中也多了一份從容」。一瓶水 2 百多日幣，每天一瓶，這樣下來，一個月需要花 7 千多日幣，但他卻覺得物超所值。

之所以推薦大家在早晨享受品茶時光，也是有原因的。一日之計在於晨，在早晨調整好精神狀態，也會為接下來一整天的心情帶來積極的影響。

對於無論如何也沒辦法早起的人，也可以將這段時間留在晚上。睡前喝杯助眠的花草茶，也十分愜意。若是喜歡酒的人，也可以品一杯葡萄酒。

有的人只喝飲品會覺得肚子脹或不太舒服，那麼，也可以

選擇其他的事物來當成一種習慣。比如說，在浴缸中放入自己喜歡的浴鹽，享受自己的「入浴時光」，也是一種不錯的選擇。

　　總之，在匆忙的生活中稍稍放慢腳步，每天為預留一些和你自己獨處的時間，是非常重要的。

　　沒錯，是每天。別小看每天微小的積累，一個月後就是一個月的份量，一年過後就是一年的份量。**這些小小的份量不斷累積，就會與一生的「舒適生活感」密不可分。**

　　每天，為了讓自己更從容愉悅，為自己創造些許只屬於自己的奢侈時光吧。

　　就從明天早晨開始，試一試吧！

習慣②

活用走路時間，實現自我管理

　　上下班、購物…等行為，在無形之中增加了我們的「走路時間」。試著將這些時間轉換為成本，量化你的「走路時間長度」。

　　舉例來說，假設你從家裡走到捷運站需十五分鐘，下捷運後還需步行五分鐘才到公司，那麼通勤時間就是走二十分鐘，上下班合計花費四十分鐘。按每月出勤二十天來計算，一個月需要花費八百分鐘。也就是說，每個月超過十三個小時用來「走路」。如果加上其他活動，用在走路上的時間還會更多。

　　若是在這些時間裡什麼都不做，不就虛度光陰了嗎？

　　所以，我想告訴大家的第二個習慣就是：養成充分利用「走路時間」的習慣。有效活用走路時間，使其成為磨練自我的寶貴時光。

為此，我們要做到以下兩件事。

第一件，停止那些無意中切割我們時間的「無價值行為」。

最近，街上越來越多的人成了「低頭族」，在路口等紅綠燈的時候都要看幾眼手機。甚至有的人在走路的時候也一直盯著手機。這些行為都是非常危險的。

那麼，究竟是什麼事情需要他們冒這麼大的風險呢？後來我注意到，無非就是回覆一些不緊急的訊息，或是看看娛樂新聞、玩玩遊戲而已，稱不上是有價值的事情。

在這個資訊爆炸的時代，很多人都經不起煩雜資訊的誘惑，他們的時間自然也就無聲無息地溜走了。

時間就是金錢。珍惜時間，是提高財商的必備條件。你可以問問自己：**我現在使用時間的方式，是否使我獲得了相應價值的回報？心裡應常有這種意識，嚴格地檢查自己。**

關於如何能夠更好地與資訊打交道這個問題，我會在習慣17 中進行詳細介紹。

如果你有一些無意識持續的「無價值行為」，首先試著把這些行為習慣「瘦身」，一點一點克服。可以為自己制定一些規則，比方，從家裡走到捷運站的路上不看手機。當然，如果在通勤過程中有必須查看的重要訊息，則另當別論。

停下某件一直在做的事情後，便能擁有一些閒置時間。那麼，在這段時間裡要做些什麼呢？有意識地做個計劃來思考一下這個問題。這便是我想告訴大家的第二步。

我們可以利用閒暇時間整理一下「當天的規劃」。舉例來說，走去捷運站的路上，在腦海中大致構思一天中必須要做的事情，或是自己想做的事情。然後思考，在這些事情當中，必須最先做的事情是什麼。按照輕重緩急的程度將事情排序，到了捷運站搭上車後，可以將自己剛剛在腦海中整理出來的順序記在記事本或手機備忘錄裡。

這樣一來，從家裡步行到捷運站的十五分鐘就被靈活地轉換為「整理當日計劃」的時間了，變得非常有意義。而且這種轉換不需要特意擠出時間，在走路的過程中就能順便完成。這種「舉手之勞」就是一種聰明活用時間的方法。

我也在親身實踐這種方法，我會在走路的同時進行鍛鍊。仔細想想，走路的時間也是一天中非常寶貴的運動時間。反正都要走路，不如採取一種能夠鍛鍊身體的走路方式。每週我都會參加一次「加壓訓練」，後來在走路的同時，我會回想一下鍛鍊肌肉的要點，並將其付諸實踐。相較於把包包背在肩上，我會儘量改用手拎著，走路時有意識地夾緊雙臂並前後擺動。

這些可能只是我做出的些微努力，但是如果將其視為每天的例行項目來執行，一點一滴的累積就會帶來實實在在的效果。

此外，養成每天「順便運動」的習慣，從金錢層面來看也有很多好處。如果我們把它視為去健身房鍛鍊身體的替代方案，就可以輕鬆省下辦理會員卡的費用。假設健身房每個月的會費是 8 千日幣，一年就省下近 10 萬日幣。而且更重要的一點是，我們在上下班的時間裡進行運動，既省錢又省時。省下的時間和金錢可以用於其他領域的個人投資。

這種「舉手之勞」隨時都可以開始，大家不妨試試看！

習慣③

了解物品的成本，
將包包裡的物品控制在七件以內

「可以讓我看一下你的包包裡都放什麼嗎？」如果突然有人這樣問你，你會怎麼做呢？

相信只有少部分人會立刻爽快地回答：「可以啊！」然後迅速拿出包包裡的物品給對方看。但大部分的女性應該都會覺得有些不好意思。「嗯…包包裡放了哪些東西？啊！怎麼連這個都在包包裡…」像這樣，很多人雖然願意給對方看，卻連自己都不太清楚包包裡究竟放了些什麼。

財商高的女性，她們包包裡的物品是很精簡的。這裡的精簡，指的是包包裡的東西數量很少。

為什麼說包包裡東西少的人，都是具備高財商的人呢？那是因為能夠努力減少隨身物品數量的人，對物品的成本都是非常敏銳的。

提到物品的成本，你可能會立刻想到一件物品作為商品的銷售價格。其實，物品被買回家之後，仍然會產生成本消耗。

通常，物品被買回家之後會產生兩種成本。一個是「物品佔用的空間成本」以及「所需要的維護成本」。

我以購物為例子來詳細解釋。物品被買回家後，存放物品所需要的空間與房租就產生了密切關聯。

遇到生活日用品降價或其他原因使得價格上漲時，人們總會想著要囤貨。特別是現在，網路購物非常便利，根本不需要自己費力把東西搬回家。出於這種心理，我們購物的時候經常不會考慮物品的重量和大小，看到組合促銷的商品也不會太糾結，隨隨便便就下單了。

但是，請先冷靜下來，在心裡試算一下。假設超市的衛生紙正在促銷，一串有十二包，一次買了三串。看起來似乎是每串都便宜了幾塊錢，但在全部用完之前，它們佔用的空間是非常大的。

　　你是否想過：那些雖然暫時用不上，但還是先買了囤著的物品加在一起，究竟佔用了多少空間呢？假設將住宅總面積十分之一的空間用作倉庫儲存物品。在東京，平均房租大約 7 萬日幣。以這個平均價格為基準，每個月為了這些囤積的物品要花費約 7 萬日幣，一年甚至需花費近 84 萬日幣。如果一直保持這種購物習慣，十年就要花上 840 萬日幣左右！

　　比起買的時候覺得超值而省下來的錢，相信大家現在已經能夠清楚地了解，儲存它們需要花費的空間成本有多高了。

　　除此之外，請不要忘記，我們把物品買回家後還需要花費時間和精力來維護它們。

　　以這幾年人氣很高的光療美甲為例。這種美甲能夠維持三至四週，深受女性喜愛。然而，如果不是巧手的人，很難塗出自己想要的效果，為此還需要準備各種各樣的工具。而且這種指甲油單靠自己無法卸掉，只能去美甲店處理。儘管每家店的價格不同，我們以每次美甲費大約 7 千日幣來計算，假設每三週去一次，那麼一年的花費就將近 12 萬日幣。

　　如果能重新審視一下物品買回家後的成本，自然而然就會產生「那不如只買必須品」的想法。這與近幾年備受矚目的「極簡主義（保留最低限度物品的生活方式）」的生活方式也有共通之處。

　　不侷限於眼前的利益，注意到物品的隱形成本後再做出合理的選擇。一個人若能養成這種思維習慣，財商也會隨之提高。時刻提醒自己，把想要做的事情簡單化，不要添置過多的東西。

　　想要入門提升財商這門課，我們可以從每天都要使用的包包物品著手。

　　精簡物品能夠為我們帶來很多價值。首先，能夠減少一些不必要的行為。我們可以輕鬆地找到需要的物品。如果下定決心想要做什麼事情也可以立刻投身其中，不會再因為找東西而浪費過多的時間，把這些省下的時間用來做真正想做的事情。

　　我觀察身邊的人漸漸確信：包包內容物精簡的人，不僅家裡收拾得十分整潔，為人處世也是乾脆俐落，不會有多餘的顧慮，對待金錢的態度更是如此。

那麼，如何減少包包裡物品的數量呢？接下來，以我個人為例，向大家詳細介紹一下。大家可以根據自己的實際情況，試著精簡包包裡的物品。

近來，很多物品都能輕鬆實現功能一體化，這也為我們的生活帶來了極大的便利。比如，智慧型手機集多種功能於一體，有了它，我們可以不用再隨身攜帶便利貼、筆記本；信用卡具有定期票卡的功能，因此錢包裡只需裝一張信用卡就足夠了…把這些多功能的物品進行整併，下定決心將包包裡的物品控制在七件以內，具體的物品清單如下：

· 錢包（含信用卡）
· 智慧型手機（具有便利貼和筆記本的功能）
· 化妝包（面紙也放在這裡）
· 手帕
· 筆
· 鑰匙

要點就是將功能相近的物品進行整併，進而減少物品的數量。每減少一件物品，就可以嘉獎一下自己：我的財商得到了鍛鍊！

此外，我很喜歡用同時有黑色筆、紅色筆、自動鉛筆於一體的多功能筆。不論是用黑色筆簽字、紅色筆校對，還是用鉛筆做筆記，只需要一支筆就可以滿足日常生活中所有的書寫需求。所以在買東西的時候，請積極地挑選一些具備多功能的物品吧。

也許你已經發現了，前文只列舉了六件物品，那麼最後一件是什麼呢？

我想向大家推薦的最後一件物品是——書。挑選一本能夠為你提供有益新知的書，放在隨身攜帶的包包裡。

在我看來，搭乘大眾交通工具時，比起滑手機來消磨時光，從包包裡拿出一本書翻閱不僅更具有美感，也更有價值。關於接觸有益新知這種習慣的具體價值，我會在後續文章進行詳細介紹。

從今天開始，試著只在隨身包包裡放進最低限度的必須品和能夠充實自我的書籍。如此一來，就能夠實際地提高自己的生活品味。

習慣④

試想自己一年後的樣子，
再決定今天的午餐

說到這裡，相信大家已經漸漸明白，每天的生活習慣與提高一個人的財商息息相關。現在，讓我們來探討一下「午餐時間」。

眾人皆知，民以食為天。吃飯和睡覺一樣，是我們每天必須要做的事情。除了那些因為種種原因不吃午餐的人之外，大多數人都會為了午餐花費不少時間和金錢。

那麼，如果我問大家，有助於提高我們財商的午餐習慣是怎樣的呢？相信有些女性朋友會回答：「我知道！努力省錢就可以了嘛」。

對於這個問題，不少人首先會想到的是設法減少開銷。比方認真地在網上搜尋午餐的優惠資訊，或者每天努力地為自己做午餐。事實上，還有其他能夠提高財商的方法。

　　說到提高財商，我想直接告訴大家一句話，希望大家從今天起能夠記住——吃飯是一種投資。

　　所謂投資，是指為了能夠在未來獲取收益，先投入一定的金錢和時間。

　　「吃飯是一種投資」這句話的背後隱藏著這樣一則資訊：要讓吃飯變成一件對自己的未來有益的行為。

　　吃飯能使我們汲取兩種營養。第一種是身體營養。攝取優質食材，維持營養均衡，有助於以後的身體健康。身體健康不僅能夠省下醫藥費，還可以讓你元氣滿滿，工作效率更高，獲得更加穩定的收入。

　　吃飯還能使我們汲取心靈營養。「能吃到這些美味的食物實在是太開心了，下午也要繼續加油！」好好地吃午餐能讓人的心裡多了一份從容。在喜歡的餐廳裡欣賞窗外風景，與店員暢談今日見聞，和共進午餐的人交流，讓人際關係或彼此感情更加增溫⋯善用午餐時間能夠為我們帶來諸多收穫。

　　這是一種藉著接觸美好事物磨練感性力的投資，也是與重要的人進行愉快交流的投資。若能像這樣重新考慮一下午餐時

間的性質，你今天的午餐計劃會不會有所改變呢？

想像一下自己一年後想要成為的樣子，然後試著將午餐時間作為實現理想的一個步驟。

倘若希望自己能夠負責海外專案，或許可以去外國客人經常光顧的餐廳體驗一下。

如果希望和隔壁部門的某位同事一起工作，就可以找一家對方可能會喜歡的餐廳，邀請對方一起用餐，這樣或許就會有新的體悟。

比起只將每天的午餐時間當作填飽肚子的時間，不妨將午餐時間與個人今後的成長連結起來，這兩種做法會帶來截然不同的結果。午餐是一個人每天都會重複的習慣，正因如此，你對它的定位很可能會大大影響你的未來。

有意識地為人與人之間的緣分和人際交往進行充分的投資，是非常重要的。

想想那些能夠給予你動力使你成為理想中的自己的人、能夠為你的成長指引方向的過來人、想竭盡自己所能幫助別人的

人、你心中想要成為的那個人，積極和他們進行溝通，就是在成長道路上給自己的巨大投資。

午休時間有限，往往不會佔用對方太多時間，這是午餐時間的一大優勢。若是在這個時間點邀請別人共進午餐，哪怕對方很忙，能空出時間的機率也會高很多。

另外，靈活利用午餐時間的另一個好處是，能夠以優惠的價格享用食物。很多沒什麼機會能去的高級餐廳，大多會提供價格實惠的午間套餐。

最近，我和同事去了公司附近一家高級壽司店。這家店晚上來吃的話需要花費 2 萬多日幣，而午間套餐卻只要 3 千日幣，還是最上等的吧台位置，真的物超所值。

只需花費少量的時間和金錢，就可以收穫顯著的效果，這就是午餐時間的魅力。

每天控制自己的浪費行為是十分重要的，但如果過度向身邊人強調自己午餐吃得很節省的話，以後邀請你的人可能會越來越少。僅僅為了眼前的省錢目的而失去本該得到的大好機緣和成長機會，是不是太可惜了呢？午餐時間不僅可以增進人與

人之間的交流，還能豐富個人內涵，培養個人感性力。

我有一個朋友是企業高層。她年輕的時候，還不是很有錢，但在那段期間，她就把去高級餐廳吃早餐和午餐當成一種習慣。在那裡，舒適的氛圍彷彿能讓時間慢下來，耳邊還能聽到諸多商務精英人士的對話。這位朋友說：「在我看來，吃飯的時間是一種投資，它能夠使我置身於嚮往的環境中來提升自己的感性力」。

雖說如此，也不能每天都肆意揮霍吧？所以，還必須具有一種意識，既能靈活運用午餐時間使其成為一種投資，還要避免過度消費。

將「收入的 20%」用於自我投資是一個非常不錯的方法。

如果把每個月的實際收入看作「10」，我推薦大家以 2：6：2 的比例來分配自己的支出，其中存款佔 20%，生活費佔 60%，自我投資佔 20%。

也就是說，假設每月實際收入為 20 萬日幣，按這種方法來分配的話，每月存款 4 萬日幣，拿出 12 萬日幣做生活費，剩下的 4 萬日幣則用於自我投資。大家可以根據自己每月的實際收

入，按照這個比例分配。

　　生活費是維持生活必要的的最低限度消費，自我投資則是為了自己今後成長的花費。

自我投資的方法：
如何分配月收入（作者以 20 萬日幣為例）

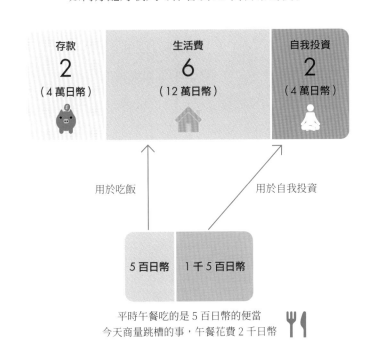

平時午餐吃的是 5 百日幣的便當
今天商量跳槽的事，午餐花費 2 千日幣

關鍵是將午餐支出分為「最低限度的必要消費」與「為了自己今後成長所進行的消費」兩類支出，並將其計算出來。

舉例來說，平時午餐吃便當，平均每天 5 百日幣。今天為了和別人聊聊自己工作上的事，去了一家義大利風味餐廳，花了 2 千日幣。那麼就可以把午餐所需的最低金額 5 百日幣算為生活費，多花的 1 千 5 百日幣看成是「為了自己今後的成長」而進行的投資費用。

就如前文所述，假如每月的實際收入為 20 萬日幣，那麼每月最多可用 4 萬日幣進行自我投資。如果我們為自己定一個額度，要求每個月除了午餐以外，用於自我投資（包括買書和學習…等）的花費在 4 萬日幣以內，就可以防止過度消費。

為了提升自我投資的成功率，有必要對投資的結果進行考核。如果享用了投資目的的午餐，一週後請回顧一下，問問自己：「那次午餐為我帶來了什麼好處呢？」

哪怕只是發生了微小的積極變化，你的投資也是成功的。當然，如果覺得沒有什麼收穫，分析其原因也是很重要的。

習慣⑤

保持優美的體態，自然能夠存到錢

我有一位 30 歲出頭的女同事，她叫明日香。

每次我遇見她，她都穿著精緻時尚的衣服，給人十分清爽的感覺。我猜想，她平時買衣服一定花了不少錢。有一次聊天，我問她：「妳的衣服都很漂亮！妳平常都在哪裡買衣服啊？」

她大概沒想到我會誇她的衣服好看，所以有些驚訝地回答：「我嗎？我基本上都是在 UNIQLO 買的，而且都是一些打折商品⋯」

我非常吃驚。她還告訴我那天穿的衣服加起來不超過 5 千日幣。我以為她的連身裙不低於 2 萬日幣，沒想到竟然是幾千日幣買的，一時讓人難以置信。

為什麼明日香的衣服給人感覺非常昂貴呢？

對她重新進行了一番觀察之後，我得到了一個答案。

原來，讓她看起來具有高級感的不是衣服本身，而是她而是擁有將衣服穿得非常合身的優美體態。

明日香的體態挺拔，走路姿勢優美，無論穿什麼都非常有氣質。同樣一條連身裙，駝背的人和體態端正的人穿起來是截然不同的。駝背的人穿，可能會讓人覺得這條連身裙只值 3 千日幣，而體態端正的人則能夠穿出 3 萬日幣的效果。

也就是說，實際上花 3 千日幣買下的連身裙，如果能穿出 3 萬日幣的效果，相當於這條連身裙的價值增加了 9 倍。

而且，只需要保持優美體態就能實現這種增值，是一種完全不需要投入本錢的習慣。

在日常生活中，下意識地把身體挺直，坐著的時候併攏雙腿…等，明日香的例子告訴我們：只要花些心思保持美麗的體態，即使是便宜的衣服也能穿出高級感 。

除了體態，行為舉止也會影響自己予人的印象。

比方交換名片時，手部動作輕柔且得體；吃飯時，注意筷子的使用方式；在走廊裡遇到同事時，隨和地點頭示意…… 這些行為都能為我們加分。

比起實際花費在外表上的金錢，這些「日常印象之美」 更能給人帶來一種高級感。

現在，隨便翻閱一本女性時尚雜誌都會發現這樣的宣傳語：女人過了 30 歲，就應該選擇與年齡相符的高級昂貴服飾。其實我們並不需要盲目跟隨這種風潮。

有些人想讓自己看起來更加漂亮，會去買一些昂貴的衣服，結果導致自己買衣服的開銷越來越大。對此，我的建議是先試著糾正體態。久而久之，身邊的人對你的看法也會產生變化。

憑藉著優美體態為自己塑造更加高雅的形象。出於以往的心理可能會購買 10 萬日幣的襯衫，而現在換成 5 千日幣的襯衫也可以穿出同樣效果。省下的這筆錢可以存起來，也可以用於其他自我投資，非常划算。

只要保持優美體態，自然而然地就能存到錢，指的就是這個道理。

有個小技巧可以幫助穿著平價服飾的人提升整體氣質。我平常買東西的時候，會有意識地考慮物品使用一次的單價。比方像鞋子、手錶、耳環和手鐲…等物品，在任何時候都不會過時，雖然價格昂貴但十分保值。與之相反，服裝流行趨勢變化多端，更新汰換的速度快，多買一些相對平價的基本款反而更划算。

這種尺度拿捏是非常重要的。我有一位朋友出社會工作後，用第一筆獎金買了一只 OMEGA 的手錶，二十多年來幾乎每天都會佩戴。這只錶非常適合朋友本人的氣質，也為其增添了幾分優雅的氣息。

像這樣，尤其是鞋子、手錶、簡約的首飾…等使用頻率較高的物品，雖然購買價格昂貴，但是使用時間久了便可以降低物品使用一次的單價。再搭配平價服飾，這種收放自如的安排，能幫你塑造出個人的高級感。

習慣⑥

打造個性化書架是培養財商的捷徑

倘若出於工作或私人原因前去拜訪他人，發現對方家中有一座書架，你是否會看一看書架上有些什麼書呢？

「原來他對建築很感興趣啊，還很喜歡下廚呢」像這樣，看看一個人的書架就能對這個人的興趣愛好有所了解。書本是智慧之源，書架則是展現知識追求的方式之一。正因如此，如果想要培養財商，就要對書架上的書籍精挑細選才行。

隨著科技的進步，我們透過網路能獲取大量的免費資訊。但是若想獲得高品質的資訊，還是花錢買回家的書本裡有著更加豐富且優質的內容。

提升自己的內在修養而花錢，是「為了將來的自己而進行投資」的鍛鍊，大家不可缺少這樣的財商意識。

與書架打交道的方式也有一些要訣，首先，要時常觀察。

正如前文所說，書架上擺放的書籍是一面能夠反映自己興趣愛好的鏡子。平常買書的時候也許沒有意識到，但如果整體觀察一下自己買回家的書，就能重新發現自己最近對哪些領域很感興趣。同時可能會發現，自己一年前經常會讀的一些書，現在反而不怎麼讀了。我推薦大家看看自己家裡的書架，這種習慣能夠幫你檢驗自己的「大腦資料庫」。

知道自己現在最感興趣的事物之後，自然就能清楚地判斷出目前最想把錢花在什麼地方。此外，定期檢查書架還可以為規劃每日支出的優先順序提供一些建議。

簡單介紹一下我書架上的書吧。因為我很喜歡音樂劇和爵士樂，所以在我的書架上，戲曲、樂理和樂譜相關的書籍佔了大多數，它們是我的「藏書」，所以我一般也不會調換它們的位置。除此之外，像《快速料理》等食譜書也佔據了一些空間。在我讀大學的時候，開始了獨居生活，那時買了一本《食譜大全》，這本書像字典一樣厚重，大概在我的書架上「坐鎮」了近二十年。

另外，我還會根據時代潮流的變化，將書架上經營管理類的書籍進行更新汰換。

一眼望去，有一直放在書架上的「固定書籍」，也有讀過之後需常替換的「流動書籍」，不禁讓人覺得，書架上流逝著兩種時間。

「固定書籍」的題材與渴望珍惜一輩子的興趣愛好、終身事業有關；而「流動書籍」則是為了時常更新自己的學識或是出於一時的興趣愛好所入手的書籍。如果你意識到這種差別，而再一次觀察書架的話，應該還會有新發現。

書架上的書籍是經常變化的。正因如此，我希望大家能夠有意識地養成一種習慣，「再平衡」書架的構成元素。「再平衡」是資產管理過程中經常使用的術語，是指賣掉一部分高價股票買進低價股票，或減少美元存款買入本國股票…等依據情況而重構資產組合的行為。這是一種依據市場變化而重新維持投資平衡的行為，對於獲得穩定的收入回報具有非常重要的作用。

因此，我建議大家試著把這種「再平衡原理」應用到整理書架這件事當中。比方說，在一年一次的年末大掃除或環境容易發生變化的年初實施「再平衡」。看看書架判斷「這本書今後還有用」、「這本書可以不用再讀了」，把書架上的書本做取捨整理。

　　認清現在的自己是否需要某件事物，這種訓練對於培養財商也十分重要。因為抑制支出可以鍛鍊重視支出的思維能力，而支出與成長息息相關，也會成為實踐資產再平衡時不可或缺的經驗和直覺。

　　取捨過後，如果書架上有了多餘的空間要怎麼做呢？

　　請嘗試設想一下，為了今後的成長，自己需要讀一些什麼書，然後把書架上的剩餘空間填滿。勇於挑戰一些沒有看過的題材也是不錯的選擇。

　　書架，可能會成為塑造未來自我的一幅藍圖。如果這樣想的話，你是不是躍躍欲試，想要打造自己的個性書架了呢？

專欄 1

女性在進行職業規劃時，
要考慮終身年收入與隱形年收入

　　女性的一生中會有很多轉捩點，工作方式也有多種選擇，例如進入公司做正職、約聘人員、在家辦公、兼職以及自由接案⋯等。面對這麼多選擇，女性往往會感到迷惘。每個人的價值觀不同，感受幸福的方式和各種事物在生命中的優先順序自然也不同。所以無論選擇哪條路，只要認為是最適合自己的，就是最好的選擇。

　　如今，很多女性畢業後就一直在自己的崗位上努力工作，但結婚生子之後，看到身邊有些朋友辭職了，自己的心也開始動搖，不知道應該繼續留在職場上，還是把精力放在家庭中。

　　當人生迎來轉捩點時，如果對於今後該如何平衡工作與生活、如何設計自己的人生而感到迷惘，我推薦大家從金錢的視角來考慮。

從結論來說的話，不輕易辭職是不可動搖的大原則。

理由就是從經濟層面來看，企業員工的身分是大有好處的。

我經常聽到一些抱怨的聲音：「公司每個月給我的薪水只有 20 萬日幣[註]，太少了，感覺辭掉這個工作做點別的兼職可能更好賺。」

請冷靜思考一下。每月實際到手的工資確實是 20 萬日幣，但你可能不知道，公司給你的薪資其實是這個數字的 1.5 ～ 2 倍。

日本企業員工為了能在到達一定年齡後領取退休金，都需要持續繳納養老保險金，而這筆費用是由個人和企業共同承擔的。雖然派遣員工也能自行買保險，但成本都由個人承擔不說，還隱含了一些其他的不確定因素。

除了勞工退休金外，還有醫療保險、勞工職業災害保險、生育保險、失業保險…等。

註：月收入 20 萬日幣大約是日本上班族的平均月薪水準（2016 年）。

加入醫療保險能夠享受醫療部分給付，有了生育保險，懷孕生產期間的費用（產檢費用、分娩費用…等）基本上不需要再另外支付（若是私立醫院的話，情況則有所不同）。

提到企業員工的特殊待遇，人們自然會想到有薪假。以日本為例，儘管每家公司的規定不同，但一年當中有十至二十天不用工作也能拿到工資，是美夢一般的特殊待遇。扣掉週末和國定假日，全年上班天數大約為二百天。如果再享受二十天的有薪假，相當於全年上班天數 10% 的日子裡即使不用工作也能拿到工資。如果有薪假只有十天，也相當於全年上班天數 5% 的日子裡不用工作就能拿到工資。想到年收入有 5% ～ 10% 的金額是不用工作就能拿到的錢，是不是覺得自己很幸運呢？

像這樣，僅僅計算到手的薪資，很難意識到作為一名企業員工的好處。但如果仔細算一下這份工作帶來的隱形收入，你就很難輕易辭掉一份收入穩定的正式工作了。

在認清一份工作給自己帶來的實際好處的同時，還是希望大家能夠以更長遠的眼光來考慮一下自己的職業生涯。

同樣的工作內容，以當下薪資和臨時的報酬相比的話，的確會覺得在公司工作是一種損失。但將目前的業務技能所得到的時薪或日薪，與公司出於長期培養人才的目的而設定的月薪進行比較，是十分荒唐的做法。

希望大家可以將工資標準上調、升職加薪，以及如果未來成為管理人員能夠獲得的一些提高職業技能的進修機會…等因素也考慮進去，進行綜合比較與判斷。

女性在考慮生育之後的職業生涯時，也要冷靜地考慮到「終身年收入」，看清每一種選擇帶來的後果。

當然，因為孩子還小，我能夠理解想多陪陪孩子的心情。但是孩子需要照顧的時間長達五、六年，為此終止已經走過這麼多年的職業生涯，會極大地影響自己的終身年收入。

舉例來說，一位 35 歲的女性在年收入 20 萬日幣時辭掉工作，並且不再工作，這與每年加薪率 2%、一直工作到 60 歲退休相比，終身年收入將減少約 62 萬 6 千元。

有的人認為比起上班，經營家庭更能感受到人生的價值，

這當然也是無可厚非的。除去這種情況，單從金錢層面來看的話，我認為不中斷自己的職業生涯是更加明智的做法。

也有一些收入有限的人表示，養育孩子的成本比收入還高，這樣的話，工作完全沒有意義啊。

但是，從長遠的角度來看，繼續工作能獲得更多的發展機會，遇到不同的人，增強人與社會之間的聯繫，還能鍛鍊工作技能…所以，還是希望大家能夠多多考慮這些隱形收入和隱形資產。我認為，哪怕短時間內生活有些拮据，女性也應該繼續自己的職業生涯。

如果是自己非常喜歡的工作就更應該如此。看到自己的媽媽充滿熱情且專心地做著有價值的工作，孩子也會感到開心。

除了生育，受到疾病和照顧家人…等各種各樣的變化因素影響，女性的職業生涯可能也會遇到一些轉捩點。

無論是在人生的哪個階段，女性都能活出自己、活出自信，但首先你需要努力使自己成為一個被需要的人。

透過工作不斷為身邊的人創造價值，成為一個不可或缺的存在，是防禦風險的最佳方法。遇到任何情況，對方都願意為你提供幫助、方便你工作，這時，你就已經歷練成為一名無所畏懼的女性了。

最能體現你自我價值的工作是什麼？最適合自己的工作方式又是怎樣的呢？

以這種長遠視角不斷磨練自己的職業生涯，自然而然就能擴充你的個人資產，增加終身收入。

Part 2

女人該如何磨練自己

習慣 ⑦

旅遊的時候不買名產

你喜歡旅遊嗎？

我本人非常喜歡旅遊。身處新的環境，呼吸著異鄉的空氣，感受異鄉的風土人文。盡情享受旅遊帶來的樂趣吧，這是一段能夠豐富人生閱歷的時光。我希望能夠盡情地享受旅遊，所以在旅遊的時候，我不會特定花時間去買名產。

可能有人會說：「咦？明明買名產才是旅遊的樂趣所在啊！」

說實話，我本人實在感受不到買名產的時間能夠帶來什麼樂趣。旅遊的目的是體驗平常體驗不到的生活，而不是購物。

如今，隨著線上購物的發展，買任何東西幾乎都很便利，類似「去夏威夷才能買到」或「沖繩地區限定」的商品少之又少。即便真的有，我也不會佔用自己寶貴的旅遊時間非買不可。

我希望自己在旅遊時的每一分、每一秒都用來體驗平常體

驗不到的生活。如果一到達目的地就只想著「我要去哪裡買些什麼名產」，那麼旅遊的時間就會被浪費掉。

在旅遊時，將體驗平常沒有的生活作為首要任務，是因為我覺得這也是一種投資。它能夠激發我們的感性力，刺激我們的五感，促使我們更好地成長。

也有人持不同意見：「要是不帶些當地名產給朋友或親戚，不會被人覺得自己很小氣嗎？」

而在實際生活中，別人真的會覺得這樣很小氣嗎？在過去，普通人想要坐飛機的想法在夢裡都難以實現，只有極少數的有錢人才能到處旅遊。也就是從那時起，漸漸有了在旅遊時買名產送別人的習慣。

也就是說，過去旅遊時買名產給別人，是為了那些不能去旅遊的人，送他們一些具有紀念意義的小禮物。而現在，旅遊已經成為一種平民化的消遣方式，人人都可以享受旅遊的樂趣，似乎也就沒必要再為此費心了。

有時給別人帶了名產，反而讓對方也不得不掛念著「我下次旅遊也得帶些名產回來」。不僅雙方都花了錢，還勞心費神。

若是這樣，不如一開始就決定好不送名產，這樣雙方都沒有顧慮。如果還是很在意對方對自己的看法，最好提前和朋友敞開心扉商量一下：「買名產的話，我們彼此都很費心，就不互送名產了吧？」

曾有一位反對送名產的老闆表示：「我們把不送名產列入了公司規定」。

當然，如果有朋友請求你幫忙買某件東西，或是依照職場的傳統，需要給別人帶一些當地特色點心的話，也沒有必要立刻拒絕，但要儘量少佔用自己的旅遊時間。不過，若是在旅遊途中偶然遇上喜歡的器皿或是具有異國風情的香氛蠟燭…等則另當別論了，它們會讓我們在日常生活中繼續品味旅遊帶來的餘韻。

要訣就在於：不要因為「大家都買」的這種理由而犧牲自己寶貴的旅遊時間。

這種方法既適用於旅遊時購買名產，也是一種與金錢和時間智慧相處的原則，希望大家能夠記在心裡。

習慣⑧
睡前寫下明日計劃

珍惜時間可以磨練我們的財商。這是我的親身感受。

金錢可以無限增加，但人的時間是有限的。想要人生過得充實，務必要珍惜每一天的時間。

總是把今天該做的事延到明天做的人，與迅速完成今日事之後還能活用餘裕時間做一些有意義的事情的人，幾年之後顯然會成長為兩種不同的人。

所以，為了不浪費自己有限的時間，我養成了一個小習慣。那就是在晚上睡覺前，提前列好第二天起床後要做的事情。按序號寫下想到的事情，然後把便利貼放在餐桌上。

這個習慣的關鍵在於「不論多麼小的事情都要寫下來」。比如扔垃圾、迅速流覽一遍開會要用的資料、泡茶、提醒孩子帶雨傘以及確認孩子上課的時間…等。尤其要叮嚀孩子的小事很多，不記下來的話很容易就忘記了。

在養成這個習慣之前，我對一些小事總是漫不經心，結果經常事後後悔。原本計劃好的事情不得不延遲，經常陷入事情堆積的壓力之中。小小的拖延累積起來，就會與原計劃出現較大的偏差，浪費很多時間。

所以我親身感受到，將那些瑣碎的待辦事項按時完成，是能夠使我們最大限度地利用時間來生活的竅門。

說到記錄小事項的方法，我本人是較為保守的手寫派，會記在紙上。如果認為電子產品使用起來更加方便，也可以記在智慧型手機裡，還有人會充分利用 Google 日曆的提醒功能。

每完成一件事，我就會在前一天晚上寫下的一長串事項清單上將其劃掉，這樣還能體會到小小的成就感，我也會將每天的工作事項寫在紙上。像這樣，列出待辦事項，做完一項劃掉一項。當天沒能完成的工作，再次寫到第二天的待辦清單裡。每天堅持下去，就可以明確知道自己總是做不完的任務是什麼，很容易就能發現需要解決的問題。

睡前先寫下第二天的待辦清單，同時依據待辦事項的工作量計算一下起床時間。可以反過來推算，比如想想看 6 點半起床的話，是否能完成這些事情呢？

大家在列清單的時候，請把前文介紹的習慣 1 也考慮進來，確保能多出為自己泡杯茶的時間。如果能向自己保證完成這些小事項的時間，自然也就能安心地品茶了。

把應該做的事情視覺化，並保證在既定時間內完成。這樣就不會再因為覺得「是不是忘了什麼事」而感到焦慮了。另外，把第二天要做的事項都寫下來，會有一種安心感，晚上也能睡得更安穩。

早上醒來只需照著清單來做就可以了，全部完成之後心情也會很好。享受這種小小的成就感，就能神清氣爽地去上班。

養成這種習慣，便能以積極的心態迎接每一天的開始。請試著寫下你明天早上的待辦清單吧！

習慣⑨

每天一分鐘確認支出，
每週五分鐘清空壓力

相信不少人都遇到這種情況，明明自己沒有買什麼貴重的東西，也沒做什麼特別浪費錢的事情，卻在不經意間就花了很多錢。對於這種情況，可以試著將每天的行動和支出結合起來規劃預算。

來親身實踐一下吧。打開記事本，看看接下來一週內有哪些計劃，然後想像每天計劃所需要的大致支出。

如果下班之後直接回家，一天的花費主要就是午餐費用。週三下班後去上瑜伽課，購買課程需要花費 3 千日幣；週五有好友聚餐，需要 5 千日幣⋯像這樣列出具體的支出金額，寫在自己的記事本上。

其實，相比於工作日，週末的支出更容易超額。如果週六打算去東京郊區遊玩放鬆一下，大概需要多少錢呢？

接著又想到自己沒有合適的鞋，週五之前得先買一雙，又增加了一筆買鞋的支出。如果去東京迪士尼樂園的話，還會花費更多。

事實上，值得警惕的是那些沒有特殊安排的日子。因為無所事事打算出去隨便逛逛，結果去了百貨公司，衝動之下買了自己偶然看到的可愛物品⋯⋯我們更容易在這種沒有事先規劃的時間裡超額消費。

對於這些情況，按照上文介紹的方法，想像一下計劃與所需的支出，就能夠輕鬆掌握未來一週所需要的花費。這樣可以防止過度消費，也就不會再因為「我什麼時候花了這麼多錢」而感到焦慮不安。

當財商修煉到一定高度後，還可以再進階規劃「計畫 × 支出」的藍圖，比方以月為單位，以年為單位，甚至以十年為單位⋯如此一來，就可以掌握人生金錢的總體流向，也能更加高效地運用自己的資產。

為了能夠提高財商，綜觀一生的金錢流向圖，我們現在能做些什麼呢？在本節的開頭部分介紹了以週為單位的操作方法，不過我更希望大家能夠先以天為單位來實踐。早上起床後，試

想一下今天的計劃，大致估算所需要的花費。需要注意的是閒暇的時間，比方不用加班可以早些回家，也沒有什麼事要做的日子。只要提醒自己「今天我可能會不經意地花錢」，你的行為就會發生改變。如果要在外面吃飯，或者出現其他狀況可能導致支出增加時，最好提醒自己明天要控制部分的支出，以維持在一個平衡狀態。

每天只需花一分鐘的時間檢查一下今天的支出，就可以切實地減少浪費。

對於想要防止過度消費的人，我還想推薦一個方法——每週抽些時間，清空自己的壓力。

壓力是錢包的敵人。 特別是女性，很多人會為了解壓而衝動消費。所以，當我們在面對如何管理金錢時，要有擅於控制壓力的意識。

我在日常生活中經常會用到的方法是尋找一些不需要花錢的解壓法，養成習慣，並且定期實踐。這裡的重點是「不需要花錢」。

有些人為了排解壓力，沉迷於買高檔的包包或皮鞋，或到五星級酒店做高級 SPA，或是頻繁地計劃出國旅遊⋯⋯這些做法其實是本末倒置。

讓我們想一想，有沒有什麼不需要花錢就能夠滿足自己內心的方法呢？

每個人的解壓方法不同。能夠被香氛療癒的人，可以點上自己喜歡的薰香；想透過運動打起精神的人，可以在週六的早上參加瑜伽課；喜歡泡溫泉解壓的人，可以去郊區泡泡澡放鬆一下。當然，敷一片富含精華液的面膜也是個不錯的選擇；或是進行一次大掃除，看著家裡乾淨又整潔的樣子，心裡也會十分舒暢。

每週一次，試試這些輕鬆就可以實踐的解壓方法吧。

不過，這些解壓方法應該在心情舒適的時候實踐比較好，而不是等到壓力已經超過負荷的時候。

透過每週的清空時間，好好地整理我們的心態和錢包吧。

習慣⑩

服飾、化妝品、髮型、美甲，
平衡你的「美麗投資」

提到女性特有的支出，首先浮現在腦海中的應該就是關於「變美」的開銷了。服飾、皮膚護理保養、化妝品、美甲、髮型……倘若仔細計算為了保持美麗所花費的總金額，應該不少人都會感到震驚：「我居然花了這麼多錢！」

對於女性來說，保持美麗可謂是提升自我形象、保持每天生活動力不可或缺的一個重要環節。正因如此，我更希望女性好好管理錢包。

那麼，用於「變美」的消費，是生活中不可或缺的消費，還是與自己今後的成長息息相關的投資呢？關於這個問題，其實和我在習慣 4 中提到的午餐費用的劃分是一致的。

維持日常生活所需的基本必要支出可視為一般消費，而多出來用於讓自己看起來更漂亮或提高生活動力的花費，可以劃

分到投資當中。

以髮型為例，為了維持髮型的剪髮費用可以劃分到生活費裡。想要稍微換個造型而花費的燙髮、染髮費用則劃分到投資中。另外，為了保養髮質而購買護髮商品，或想要自己進行護理的費用屬於一般消費。若要追求更好的效果，同時放鬆自己，也可以選擇去髮廊，這種消費則屬於投資。假設自己購買的護髮商品的價格為 1 千日幣，髮廊的護髮費用為 3 千日幣，差額的 2 千日幣則可視為投資費用。

為了「變美」下功夫是一件很快樂的事情。但如果不加以管理的話，不知不覺間就會增加不少支出。而且，為了「變美」而花錢的項目，僅粗略地想一下就有七種：服飾、皮膚護理和保養、化妝品、美甲、髮型、鞋子、包包⋯⋯ 若是對這些項目持同樣重視的態度，無論有多少錢都是不夠的。

為了不會因為「美麗投資」而陷入生活拮据的尷尬狀況，有必要對此進行整體平衡的規劃和把控。

事實上，我身邊有很多美麗的女性，她們既擅長維持美麗投資的總體平衡，又能保持自己的美麗形象。

例如雅美（29 歲，公司職員），她是重視穿搭的女性。她坦言：「我喜歡買衣服，所以很少花錢去做指甲和頭髮」，她在衣服上的開銷比較大，美甲的部分則是在家使用美甲工具自己完成的，去髮廊的次數也控制在一季一次，頭髮護理也是自己在家進行，這就是她調節總體平衡的方法。雅美本身皮膚狀態就很好，基本上只用一些藥妝店裡的平價商品進行皮膚護理就夠。她非常注重美麗投資的總體平衡，如果某個月購買化妝品的花費較大，相對地就會控制購買衣服的支出。

雅美可能是在無意之中貫徹了維持美麗投資平衡的方法。每個月用於美麗投資的支出是有上限的，為了不超過這個範圍，就需要保持總體的平衡。具備這種意識是非常重要的。人們總說「追求美是女性永遠的課題」，正因如此，如果心中沒有認真管理支出的意識，就很有可能會肆意揮霍，甚至超出自己可承受的範圍。

每個人對於「美」進行投資的預算上限是由每個人的價值觀所決定的。不過，我建議大家將其控制在實際收入的 10% 以內為佳。

我身邊還有一位時尚美女——理惠（33 歲，董事長秘書）。

她很在乎自己的鞋子、指甲和睫毛。她說：「穿著可愛的鞋子，我會更想努力工作！」這就是鞋子在她心中的價值，聽說她每隔幾個月就會買一雙 2～3 萬日幣的鞋。此外，她還會找專業人士為自己做美甲、接睫毛，在短時間內就能明顯使自己變得更加漂亮，每個月的花費為 1 萬日幣左右。

特別在接睫毛之後，即使早上不畫眼妝也讓人覺得眼睛漂亮有神，十分方便，還能省下畫眼妝的時間，對她來說是一舉兩得。

而理惠對於衣服則一直貫徹著節儉的態度。她會看看喜歡的模特兒和時尚編輯的社群網站，然後反覆挑選好搭配的單品，最後鎖定在適合自己的衣服上，而且通常在平價品牌打折的時候才購買。她所有的護膚品和化妝品則是在藥妝店會員日可以加倍累積點數時才選購；而頭髮造型就在公司附近的平價理髮店迅速修剪一下。

將雅美和理惠比較，我們就能夠發現，美麗投資實際上是為了「變美」進行投資組合，而投資組合物件間的平衡關係則是因人而異的。這樣既能把錢用在需要的地方，也絕對不會超額消費。

如果有意識地用最少的投資獲得美麗，類似「好像花在衣服和美容上的錢太多了……」這樣的不安和罪惡感便不復存在，你就能夠以愉悅的心情收穫美麗。

可以說，掌握好為了「美」而消費的尺度，是提高財商並修煉美麗的女性所必須具備的條件。

在和大家討論關於美麗投資的新習慣時，我個人希望大家一定要考慮總成本。比如我之前在習慣 3 中提到過的光療指甲。在美甲沙龍做一次的費用為 7 千日幣。如果從月收入來考慮的話，這筆金額從別的投資支出中省一省似乎也能省出來。然而光療指甲很難自己塗或卸掉，只能一直去店裡處理。那麼，一直去美甲沙龍需要花費的總金額會是多少呢？

假設每三週去一次美甲店，每次的費用為 7 千日幣，一年有五十二週，整年就需要花費 17 次 ×7 千日幣 =11 萬 9 千日幣，將近 12 萬日幣。而光療美甲並不像語言學習或在健身房進行肌肉訓練一樣具有累積的效果。為了保持漂亮的指甲，只能一直去美甲店。如此持續二十年的話…竟然要花費 24 萬日幣，簡直是一筆鉅額消費。

在決定養成去美甲店的習慣的當下，就相當於有了一筆期限為二十年的 5 萬日幣的貸款。對於這個數字，你是覺得剛好合適呢，還是覺得有些昂貴呢？如果覺得貴的話，還是重新審視一下這個習慣比較好。

我的指甲本身比較脆，不適合做光療美甲。所以只會在家修修指甲、做做養護，不會為了指甲花錢。同樣，考慮到總體消費，我平常也不會去美容院。

美麗投資的模式依據個人重視事物的不同而有所不同。在這裡，我提出幾種比較常見的思考方式給大家。

首先是考慮全年總成本的模式。提前決定好一年內需要用在美麗投資上的費用，然後分配好各項費用。

這種方法的好處在於，因為已經確定了全年的總預算，所以不會超額消費；也可以抑制一些衝動消費，比如在社群媒體上看到別人推薦的化妝品，沒有深入研究就買了同款，或是要參加朋友的婚禮花重金買了一件新禮服⋯等。

接下來是縮短時間的模式。並非一切的成本都限於金錢層面，如果在時間層面也具備敏銳度，財商意識也會發生很大的變化。

比如每天都要進行的化妝。即使每天僅僅需要二十分鐘，一年 365 天累計下來是 7 千 3 百分鐘，大約 122 個小時，也就是五天，完全可以用在一趟旅遊上了。

為了稍微縮短一下化妝時間，我選擇了紋眉。即使每天畫眉毛只需要 3 分鐘，久而久之佔用的時間也會成為一個龐大的數字。

在東京銀座附近，紋眉的費用約為 3 ～ 5 萬日幣，大概能保持三年，所以在此期間就不需要花費時間畫眉毛了，也不必花錢購買相關的化妝品。乍看之下似乎價格有些昂貴，但如果考慮到三年的時間，是不是就會覺得很實惠呢？在休假日也不必再為化妝而煩惱，輕鬆就能外出，非常方便。對於生活節奏快的女性來說不失為一個不錯的選擇。

還有一種是考慮到「一生支出」的模式。像前面提到的美

甲店的例子，如果算出連續數年的成本，會發現未來將失去一筆鉅款。前文還提到，可以長年連續使用的人生物品——高級手錶，對於這類性質的物品，如果考慮到一生的使用單價，其成本也在可接受的範圍內。

我在美麗投資中最能感受到性價比的就是加壓訓練。加壓訓練能夠在壓迫血管的同時訓練肌肉，從而促進生長激素的分泌，是一種非常適合我的運動。

每次訓練只需要短短的 25 分鐘，但訓練效果十分顯著，不僅能夠有效地鍛鍊肌肉，還有活血的作用。進行加壓訓練後，我再也不覺得肩膀酸痛了，因此也不需要去做按摩了。

此外，我還切身感受到了加壓訓練帶來的其他好處——在生長激素的作用下，我的頭髮和皮膚狀態也變得越來越好。

因為壓迫血管這種特殊的鍛鍊方法，加壓訓練必須配備專業的私人教練，這樣一邊訓練一邊還可以得到專業的飲食指導，不僅度過了充實的時光，還實現了良好的自我管理，真是一舉多得。

在健身房請私人教練說明的話，需要另外支付費用，而加壓訓練本身就是以一對一指導為前提，所以不需另加費用。

對我而言，加壓訓練是一種投入少量時間和金錢就能獲得巨大回報的「美麗投資」，它已經成為我生活中不可或缺的一部分。

試著探索一下屬於你自己的美麗投資的平衡模式吧！

習慣⑪

與其花錢買東西，不如花錢買經驗

　　相信大家領到年終獎金之後，心情都很不錯。扣除當成存款的部分後，如果手頭還有可自由使用的資金，你會用這些錢做些什麼呢？

　　是買想要的鞋子、包包，還是首飾？雖然最近由於大環境的原因，很多人因為對未來感到不安而選擇把手頭的資金全部存起來。

　　然而，提到一大筆錢的用法，最先在大家腦海裡浮現出來的，多半就是購物。的確，在買到心儀物品的一瞬間，人往往能體會到一種幸福感。

　　但是你是否想過，透過物品價值帶來的滿足感能夠持續多久呢？

　　因為喜歡而買回來的包包，不像之前那麼常用了；之前迫不及待想要入手的鞋子，買回來之後卻又看上了別的款式，因

此被束之高閣…。

物品本身或許不會消失，但物品價值的壽命卻出乎意料得短。財商高的人是不會為了這些壽命短的物品支付高昂費用的。

這幾年，類似於「斷捨離」和「極簡主義」這些精簡物品的生活方式備受矚目，也漸漸成為一種流行趨勢。

過去在日本成為發展中國家的經濟高速成長時期，如果擁有電視、冰箱、汽車…等以往沒有的物品，確實具有很大的價值。然而現在，這些物品已經遍布日本的各個角落。在物資過剩的現今，持有這些物品已經漸漸失去了當初的價值。

以目前的社會來說，對於汽車…等生活必須品，出現了租賃、回收、共乘的服務。可以說，當今社會正從「持有」的時代邁向「活用」的時代轉型。

另外，在泡沫經濟崩潰後，人們的價值觀變得更加多樣化，也很少有人人稱羨的物品了。

也就是說，以「購買某種物品就能被別人看得起」為動機而進行的虛榮消費感已經失去了適用物件。儘管花了高價買來

的物品粉飾自己，想讓別人覺得自己過得很好，但其實別人並不會很在意。

當然，如果是收藏自己真正喜歡的物品，或是基於不會動搖的喜愛之情，出自於你心裡的一份執著而購買的物品，其價值是不隨時代變化的。如果購買的是不被他人價值觀所左右的物品，它的價值壽命也會延長。

如果不是出於這些理由，只是因為「擁有這個，我就是優秀女性」這種沒有實際意義的動機而購買高價物品的話，很容易導致無止盡的浪費。請立刻停止這種做法，把錢用在其他地方吧。

那麼，應該把錢用在什麼地方呢？ 答案很簡單：經驗。

經驗可以加強內涵，促進自身成長。舉個例子，就算課程費用有些昂貴，也請你報名參加禮儀培訓班，或是花錢參加一次你喜愛的老師主講的研討會，或是去稍微貴一些的星級餐廳用餐。**心裡要有這種意識──把錢花在能夠累積經驗的地方。**

也許你會想，「經驗」聽起來看不見摸不著，把錢花在這上面太浪費了吧。

不，正好相反。經驗能夠切實地留存在我們心裡，只要活著，我們就能夠運用它們。

經驗不會被用膩，也不會被用舊，相比於物品，經驗的壽命更加長久。

有時也可能會遭遇損失巨大的「失敗經驗」，然而，這些失敗經驗也可以運用到日後的生活當中。用於獲取經驗的支出能夠得到切實的回報，從這點來看，可說是非常合理的投資之道。

我還想強調一點——花錢買經驗是非常實惠的。

以購買物品為例，如果想要購買頂級包包，需要花多少錢呢？名牌包價值幾萬元、幾十萬元的都有。

若是到米其林三星法式餐廳用餐，需要多少預算呢？全套料理搭配最上等的葡萄酒，最多也就花費 5 萬日幣左右。相較於花錢購買物品，花錢購買經驗能以非常低的支出獲取最大的回報，物超所值。

最多只需要 5 萬日幣，就能擁有巨大的收穫。

食物的美味程度自然不在話下，待在一流餐廳舒適的環境，服務人員熱情好客、細緻入微的服務態度，用餐人士的談吐以及他們營造出來的氛圍……享受身處其中的每一秒鐘，將其內化成自己的一部分，這種購買行為就能為你累積提升生活品質的「養分」。

「為了能夠再次享受如此美好的時光，明天也要繼續努力」的心情，也會對未來的終身收入產生積極影響。

建議大家透過接觸一流服務來增加生活經驗，有的人可能會敬而遠之，覺得自己還配不上這些。如果是這樣，請轉換一下思維方式。

「合不合適」不應該成為「是否去經歷」的理由，因為唯有經歷過，才會慢慢變得合適。事實上，我看到過很多人藉由積極地購買經驗提升了自己的人生高度。

一下子想不出來要累積哪種經驗？如果感到迷惘，不妨看看你身邊優秀的人和你也想成為的那種人，觀察他們的行為和活動。也觀察一下他們平常用錢換取什麼樣的經驗，然後試著去模仿他們，累積類似的經驗。

　　學習一門感興趣的技能、去一次人氣咖啡廳、每個月讀十本書、到一個沒去過的地方旅遊……只要是能夠修煉自我內涵的經驗就可以。

　　所以說，若想提升財商，與其花錢買東西，不如花錢買經驗。從今天起，有意識地去實踐吧！

習慣⑫

通過張弛有度的消費優化家庭收支

　　身材緊實又玲瓏有致——我認為女性追求的理想身材，就是這種勻稱的體態。但同時，我也希望每位女性都能夠努力實現收支的張與弛。

　　財商高的人，對於「可用支出」與「應當加以控制的支出」之間的張與弛有著清楚的認識。

　　相反地，金錢觀散漫的人，總是不經意地超額消費。他們的錢會花在所有品項的物品上，這是他們的共同點。如果你也有這樣的消費習慣，不妨先算一下每個月用於不同類別的支出，然後與同年齡層且收入相當的女性的平均值比較一下。

　　我們以日本總務省^(註)的統計結果作為參考與比較的資料。

註：日本總務省是日本中央省廳之一，其主要管理範圍包括了行政組織、公務員制度、地方行財政、選舉制度、情報通訊、郵政事業、統計…等。

根據 2010 年日本公佈的《全國單身人口收支實況調查》，30 歲以下且年收入 350～400 萬日幣的獨居女性，她們平均每個月的支出為：

◆ 食品費用（含飲料）41,823 日幣

◆ 外食費用 11,812 日幣

◆ 住房費用 54,549 日幣

◆ 水電瓦斯費用 6,925 日幣

◆ 治裝費用 15,009 日幣

◆ 保險、醫療費用 2,866 日幣

◆ 交通費用 14,842 日幣

◆ 電信費用 7,044 日幣

◆ 教育娛樂費用 20,080 日幣

◆ 美容⋯等其他費用 26,848 日幣

就像這樣列出細項，並結合自己的具體收入確認一下每月的開支。

如果有超出平均值的類別就需要確認一下了。你可以立刻說明為什麼這部分的支出比較多嗎？

年收入 350 ～ 400 萬日幣、30 歲以下的獨居女性
平均每個月的支出費用

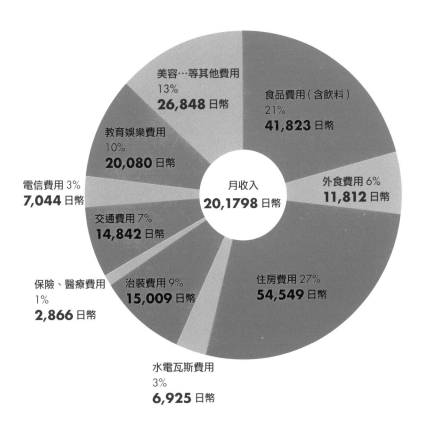

美容…等其他費用
13%
26,848 日幣

食品費用（含飲料）
21%
41,823 日幣

教育娛樂費用
10%
20,080 日幣

電信費用 3%
7,044 日幣

月收入
20,1798 日幣

外食費用 6%
11,812 日幣

交通費用 7%
14,842 日幣

保險、醫療費用
1%
2,866 日幣

治裝費用 9%
15,009 日幣

住房費用 27%
54,549 日幣

水電瓦斯費用
3%
6,925 日幣

「對我來說，保持漂亮的髮型是為了在人前擁有自信而進行的投資，所以這部分花費自然高於平均值」，如果能夠立刻說出明確原因，就代表這是用在自己所講究的事物上的消費，也可以稱得上是一種投資。

與此相反，若是無法講出明確的理由，或是甚至連自己都沒有意識到會超過平均值，就應當認定這屬於無意中超額消費的類別。對此，應該有意識地提醒自己為這部分支出「瘦身」。

接下來介紹一些值得一試的習慣，用以優化家庭收支。這個習慣就是：每年收拾一次家裡的物品，徹底處理掉一年內沒有用過的東西。

或許你會覺得這需要下非常大的決心。事實上，如果家裡存在過多無用的物品，則會導致無用的行為，甚至造成時間的浪費。

一年內沒有使用過的物品基本上在以後的生活裡也不會派上用場，以一年的時間為劃分區間，更容易讓我們對這些物品「放手」。

養成定期收拾家中物品的習慣，漸漸地就能辨別對自己真正有用的物品，藉此有效地避免無用購物。

只購買自己真正需要的物品，整體的支出就能縮減。節省下來的部分可以用來購買內心真正需要的物品。

這種習慣能讓你獲得較高滿意度的生活，請試著開始吧！

習慣⑬

錢包是家庭支出的秘密空間，儘量選用小錢包

幾年前，曾流行這樣一種說法：有錢人和成功人士都用長夾。

長夾的確很方便，容量大，裝得下紙鈔、零錢和金融卡，而且不需要折疊就能收納紙鈔，結帳的時候也更加方便。

然而，這個大容量的優勢在培養財商的時候是否合適呢？從這個角度來考慮的話，我反而覺得錢包越小越好。這是因為容量大這項優點也會產生一些讓人困擾的副作用。

首先，錢包體積越大，日常攜帶的物品就會越多。我自己也曾用過長夾，放在上班用的大包包裡沒什麼問題。但如果想買一個平日裡能夠輕便出門的小包包，會考慮到長夾放不進去，所以只能買一個大包包了。

我就有過這種經歷，明明想買一款小包包，卻被錢包的大小所限制，最後只能放棄自己想要的包款。

另外，很多人因為長夾能放更多東西，就隨手在錢包裡塞一堆信用卡簽單或發票，甚至是商店的集點卡和折價券。最後甚至連自己都不知道錢包裡究竟裝了些什麼，好不容易得到的優惠券直到發現的時候也已經過期了…。

長夾的另一個優點，是不需要折疊就可以收納紙鈔。按人像浮水印的方向整理好，放到錢包裡。這種習慣能夠培養我們珍惜每一張紙鈔的感覺，這種感覺是很重要的。不過，即便不是長夾，也能讓你培養並保持這種感覺。

相信有很多喜歡使用大容量錢包的人，並不清楚此時此刻自己的錢包裡究竟裝了多少錢。

事實上，每當有女性朋友表示「我不太擅長金錢管理」時，我發現她們大多擁有一個鼓鼓的錢包，拿在手裡也是沉甸甸的。打開錢包，裡面裝滿了各種面額的紙鈔和一堆零錢。

為了能夠準確知道錢包裡的錢，就應該將錢包裡的零錢數量控制在 1 百元以內。

錢包裡零錢一堆的人，通常買東西時會立刻用大鈔支付，這或許就是缺乏金錢意識的表現。

你可能覺得這只是一些微小的事，但若在日常生活中養成了這種習慣，就會對大的價值觀產生影響。所以，希望我們在平時就能練習更珍惜使用錢包裡物品的意識。而且，能加深這種意識的並非大容量錢包，反而是容量有限的小錢包更能訓練這種意識。

所以，如果想要鍛鍊金錢修養、提高財商，請儘量使用小錢包。

想要改變意識的時候，從「型號」入手是很有效的。如果手邊只有一個小錢包，自然會嚴選哪些東西要放入包包裡。以後更換錢包的時候，請選擇一款以前沒有用過的小錢包。

小錢包能放進去的錢有限。這樣一來，出門攜帶的現金自然就少了，從而做到節約。不僅是現金，小錢包也放不下太多卡片。所以，必須要嚴選信用卡和電子票卡。在這種強制力的作用下，就會開始思考「我真正需要的是哪一張卡呢？」

　　現在，能辦理信用卡和借貸的銀行非常多，而且辦理門檻越來越低，一不小心就容易辦了很多張卡。其實，一張正卡和一張副卡（以防正卡在有些店裡不能使用），兩張卡就足夠了。至於其他提供借貸服務的機構，大多只要提供個人身分資訊即可辦理或註冊相關帳號，但為了避免無意識地超額消費，還是不要辦理為佳。

　　說到集點卡，就算店員推薦，但你也下定決心不辦卡，事情就變得很簡單了。乍看每次購物時集點很划算，但別忘了，為了充其量 5% 的折扣，得要提供重要的個人資訊。我只用經常去的超市集點卡，儘量不辦偶爾才使用的其他集點卡。

　　另外，我平常多以信用卡和電子錢包支付。這樣錢包裡就不用大量現金了，這也是「縮小」錢包的小技巧。

　　如果集中使用一張信用卡進行日常購物，家庭收支管理也會變得輕鬆許多。每個月上網檢查使用記錄，把握好支出的金額，保持平衡，把開銷控制在每個月的預算內就可以了，這樣也可以省下記錄家庭收支的時間。

　　忙到沒有時間記帳的人，可以試試上述這個方法。

有人擔心，只用信用卡支付的話會不會超額消費呢？隨著財商的提升，這種擔心會慢慢消失。

無論是能親眼看到的現金，還是用信用卡支付時看不到的費用，都是金錢。

如今，金錢已經從紙鈔或硬幣…等實體貨幣，轉換為存摺上或電子錢包裡的一串數字了，所以掌握管理數位化金錢的方法就變得更為重要。

無論是用現金，還是刷信用卡，或使用其他電子支付工具，只要始終保持「只為必須品花錢，不買不需要的物品」的意識，就不會把卡片或手機當成無限使用的魔法支付工具了。

使用小錢包，你的行為就會發生改變，財商也會在不知不覺中得到鍛鍊，請親自感受一下吧！

專欄 2

真的需要這份保險嗎？
單身女性唯一應該買的是這種保險

　　我在接受一些需要重新規劃家庭支出的諮詢時，經常會遇到投保多份保險的女性。

　　有時是被保險業務員說服，有時是在雜誌或別的地方看到「必買保險」的宣傳，不知不覺就購買了多個保險，甚至到了自己都數不完的程度。看到這裡，或許有的讀者已經猜到接下來我要說的內容了。

　　雖然都統稱為保險，但保險有很多種類，依用途大致分為以下三類：

①用於因傷病導致的住院、治療的醫療保險；
②死亡保險，或是綜合以上情形的人身意外傷害保險；
③以獲取養老金為目的的儲蓄險。

　　對於 30 歲左右的女性來說，如果妳已經開始實施習慣 24 中提到的儲蓄計劃，那就不需要再投保上述第三項以存養老金為目的的保險了，可以考慮從儲蓄和保險中選擇一種即可。

　　如果選擇保險，在決定保額時，最好以自己能滿意地生活的金額為基準來進行計算。

　　其次，是人壽保險中的死亡保險，這是保證支撐基本家庭開銷的最主要收入不中斷的一種保險。但這對於不需要撫養長輩和孩子的單身女性來說其實是沒有必要的。

　　接著就是第一項所說的關於傷病的醫療險。如果說有一種保險既適合未婚女性也適合已婚女性的話，醫療保險就是不二選擇，選擇每個小額的類型就可以。

　　然而有一點需要注意。很多保險公司會以「生病受傷時，如果沒有保險給付就很可惜」為理由，而增加各種附屬保障。

　　比如保障當日入院、出院或往返醫院的費用，或是每五年給一筆金額…等，保險公司為了收取保費會用各種方式積極地降低領取保險金的門檻…但是，冷靜地思考一下就會發現：領

取保險金的門檻逐漸下調，保險費反而年年上漲。

　　醫療保險原本是一種保障工具，於傷病時支付自己無力支付的費用。我們基本上都擁有支付當天住院和就診費用的能力，所以，除去這層附屬保障，把保險費用降下來才是上策。

　　我們應該提前了解，健保適用的醫療有一種高額療養費制度。即使每個月的治療費高達好幾萬日幣，通過這種制度自己只需承擔 5 千日幣左右（不適用差額床位費與用餐費用，個人承擔費用的上限因年收入而異）。

　　不過，對於個人能力無法支付的款項就需要額外保障。我推薦大家積極選擇能保障癌症診斷和接受先進醫療的保險。每月只需要低成本就能為保險增加保障先進醫療的功能。發生意外時能得到一定程度的給付，比較划算。

　　相比於儲蓄存款，保險的優勢是從保險生效日起就已經載明了預期金額。儲蓄存款是不斷累積以備不時之需，而保險則是不論已經投入多少金額，一旦遇到突發情況時就能獲得一筆相對應保額的給付。

　　如果你認為保險是「自己無力支付費用的保障工具」，那麼在自己的儲蓄存款足以應對預設風險，或是存款已經足夠的時候，就可以退保了。

　　或許有些人會覺得「退保太吃虧了」，但如果想要不受到無用資訊的影響，與金錢和平共處，自然而然地就會選擇退保，請大家根據自身情況，認真考慮一下保險的事情。

Part 3

女人該如何提升自己

習慣⑭

與錢相關的資料全部收納在「私人保險箱」裡

時尚的服裝會收進衣櫃，吃飯用的餐具會放在廚房，鞋子會收納到玄關處的鞋櫃裡……把用途相同或相近的物品集中收納到家裡某一處後，使用起來就會更加方便。

那麼，與金錢相關的物品則如何處理呢？

包含稅金、保險、儲蓄存款、養老金…等，如果整理一下，會發現這些與金錢有關的文件要比想像中的多得多。有些人的儲蓄存款明細是定期郵寄到家裡的，如果不用心收拾就會堆積如山，需要的檔案在重要時刻也很容易不翼而飛。

儲蓄存款相關的單據放在臥室床頭櫃的抽屜裡，稅金和養老金相關資料放到書房的書架上，保險相關的資料則放在餐廳的收納櫃裡…。

　　如果問問周圍親友，很多人都像這樣把文件資料分開收納。但是我認為，就像把衣物都收到衣櫃裡一樣，把金錢相關的紙本檔案統一保管在同一個地方才是上策。

　　把金錢相關的文件資料都整理在一起，可以省下不少找東西的時間。最重要的是，總體查看這些資料時，就能養成以全方位視角來確認總資產的習慣。如果文件資料分散在多個地方，光是尋找或蒐集都很麻煩，這種麻煩甚至會使人放棄金錢管理。

　　為了能輕鬆管理，試著製作一個「私人保險箱」，就能把金錢相關的文件資料收集在一起。

　　至於管理資料的方式，只要是方便操作的就可以。我自己準備了三個 A4 尺寸的附拉鍊塑膠文件袋，分為「儲蓄存款」、「保險」、「稅金」這三類來保管文件或單據紙本…等。因為使用的是 A4 尺寸的文件夾，不同尺寸的紙張資料都能很容易地被歸納整理。

　　如果想要長期保管繳稅資料、勞健保費…等紙本，可以用小夾子夾好它們，每收到一張新單據就把它固定在最上面。另

外，每年都會被更新的保險合約內容說明，當你收到最新文件時就應將舊資料處理掉，做好文件的「除舊佈新」。

很多人堅信只要是與錢有關的資料就必須全部留存，所以還留著已經失去效力的文件，結果導致難以找到需要的檔案。

如果在每年的年末或某個固定時間整理一次與金錢有關的文件資料，就可以建立一個隨時都可以檢查最新檔案的「私人保險箱」。

當然，除了塑膠文件袋，也可以用扇形收納包或開口式文件夾。只要選擇自己用起來最順手的款式就可以。

「私人保險箱」放置的地方也有講究。

選擇的標準就是放在一個隨時都能看到的地方。我通常把它放在臥室裡經常坐的椅子附近，這樣伸手就能拿到。「私人保險箱」能夠隨取隨用，才能輕鬆地掌握金錢的動向。

提高財商的有效方法之一，就是建立「私人保險箱」。

習慣⑮

猶豫不決時，等七天後再做決定

如果感到猶豫的話就不買。這是我一直堅持執行的一項購物原則。

走在街上，優質的商品琳瑯滿目，都是讓人心動的宣傳廣告。若是放任自己衝動消費，無論有多少錢都不夠花。

你是否有過這種經歷？

想幫自己買一件冬天穿的大衣，休假時坐捷運到市中心的購物商圈，逛了一圈沒有發現自己想要的「那個它」，但是一想到「今天要是不買的話，不知道下次來會是什麼時候了」、「好不容易都來了，要是不買，感覺時間都浪費了」，結果最後只能降低標準，隨便挑一件回家。

我幫自己定了一個規則，如果覺得「真想買啊，不過

……」，像這樣在一瞬間感到不確定、猶豫，就先不買。

然而，這並不意味著做一個「無物欲主義者」，什麼都不能買。若是遇到一眼相中的東西，也可以立刻買下來。關鍵是要提醒自己，在覺得可買可不買的時候就不要購買。

想立刻擁有預防衝動消費的自我機制或許不太合理。因為喜歡的物品明明就在眼前，卻要立刻放棄，的確有點困難。

因此，首先要為自己定一個期限：**猶豫不決時，等七天後再做決定**。若是遇到喜歡的物品，不立即購買，先記在記事本或手機備忘錄裡，然後像往常一樣生活就好。七天後回看自己的記錄，如果還是覺得很需要或很想買，就買回家。

七天的時間足夠我們做冷靜的判斷：之前立刻就想買的東西，現在想想感覺好像已經買過差不多的了；這個月是不是原本就有些透支了…。

自從我幫自己定下這個規則後，經過七天又重新回去購買的物品大概只佔 20%。也就是說，當初覺得好想買的物品，有

80% 在過了七天後都變成了非必需品。

只是為自己設定一段緩衝時間，就明顯地減少了衝動購物。

七天過後，覺得無須購買的物品就可從備忘錄中刪除，如果還是有些在意也可以繼續留著。如果你有一個購物清單上列出拿不定主意但也一直沒有買回來的物品，自然就可以判斷出：也許自己並沒有那麼想要這些物品。若能說服自己把物品從清單上刪除，心裡也不會有什麼遺憾。

為什麼我們往往會選擇「衝動消費」呢？那是因為「買東西」這個行為本身會為大腦帶來「快感」，因為購物帶來的「快感」在買下來的一瞬間會達到最高峰值。

根據行為心理學研究指出，大腦會在買東西的一瞬間感到快樂：「喜歡的東西是我的了！」但之後快感就會呈下降趨勢。

再加上，我們人類是一種難以抵抗「限時折扣」這種宣傳用語的生物。跟商品一起映入眼簾的是「折扣僅限今天」的牌子。看到牌子的一瞬間，人們的手就伸向錢包。但是，請冷靜

思考一下。假設 5 百元的物品「今天限時八折」，但如果不是真正需要的東西，慌慌張張買回來後獲得的並不是 1 百元的優惠，而是 4 百元的浪費。

先考慮七天，如果得出「可以不買」的結論，就能防止浪費；如果還是覺得想買，說明這是花費原價 5 百元也值得買回家的東西。

另外，在行為經濟學和行為心理學中，有個概念是「定錨效應」，是指人們對事物作判斷時，心裡會受到最初獲取的數位資訊影響，就像沉入海底的錨一樣把人們的思想固定在某處。

「原價 1 千 2 百元的連身裙現在半價，只要 6 百元」，我們假設這種裙子大賣。這裡的「錨」就是「1 千 2 百元」。

然而，這條連身裙是否真的值 1 千 2 百元呢？說不定本來就只值 6 百元。對於消費者來說，首先看到的是貴的價格，如果這個價格被調低，就會覺得價格便宜了。

避免落入這種圈套的要訣是「雙向思維」。多想一想商家

是如何考慮的，就能避免衝動消費和無用消費。擺脫「打折只限今天」的咒語束縛，就能停止衝動購物引發的浪費。願大家都能只買真正需要的物品，成為一個購物高手。

習慣⑯

提高挑選伴手禮的審美觀

與許久未見的朋友或重要的客戶見面時,從容地送給對方精緻的伴手禮,能夠做到這點的女性非常優秀。

我自己雖然不是殷勤準備禮物的人,但是在這種關鍵時刻,還是會一邊想像著對方喜悅的表情,一邊按照自己的想法準備些小禮物。

我最近一次送給別人的禮物是橘子。

或許有人會覺得不可思議:橘子?是的,在這份禮物的背後,我有自己的選擇理由。

那天去拜訪一位朋友,對方家裡有一個即將參加考試的孩子。聽說這是孩子第一次參加比較大型的考試,所以常熬夜唸書。想著讓孩子多多補充維生素預防感冒,我便挑了些別人吃過都說好的橘子送給了朋友。這種橘子只有當季時才吃得到,營養豐富、顏色橙黃、大而飽滿,朋友收到後非常高興。

對於禮物的選擇，我還有一些個人經驗可分享。在我努力減肥時，收到了看起來特別美味的糖果（而且是大罐的）。本來應該開心，但是因為正在減肥，心情特別複雜。所以，如果要送禮物給減肥中的朋友，有一些事項是需要注意的。除了這種情況以外，也要避免送保鮮期短的生鮮食物給自己一個人住的朋友。

考慮到這些經驗，我覺得站在對方的立場來挑選伴手禮是最重要的。

不久前，我從朋友那裡聽說了一個小故事，雖然不是送伴手禮的故事，但也想分享一下：朋友的朋友因為急事去不了原本要參加的派對，於是送了一份花禮想賠禮道歉，花的顏色很有格調。

這是一種高級技巧。「突然缺席」會給別人留下不好的印象，但透過一份有品味的禮物，在別人心中的形象就能立刻挽回。

在現在這個時代，任何東西都能上網找到。真正想要的東西也不需要別人贈送，自己就能買到。

那麼，「作為伴手禮送給別人的東西」究竟意味著什麼呢？

在我看來，贈送伴手禮的關鍵不在於物品本身，而在於禮物背後隱含的牽掛對方的那份心意。

「那就選個差不多的禮物吧！」如果像這樣，隨便挑一些生活中很常見的物品還不如不要送。另外，為什麼要送別人這個作為禮物呢？如果可以，最好簡單地寫一寫選擇的理由附在禮物裡。

想想對方現在的狀態，反覆思考「對方喜歡什麼」、「對方收到什麼會開心呢？」一定要把心意傳達給收到禮物的一方。只有將心意傳達到，兩個人的感情才會更進一步。

選擇伴手禮，並不是送給對方一些可有可無的東西，而是要花心思挑選專屬於那個人的禮物。這就取決於我們是否能在日常生活中鍛鍊並提高自己的審美觀。為此，在平常的來往時就要認真觀察對方，提高想像力。

然而，還有一種情況經常出現：因為自己喜歡這個，就把自己的喜好強加在別人身上。這樣一來可能難以向對方傳達你重視對方的態度。

做一件事情時，不僅要考慮自己的立場，還要試著站在對方的角度去考慮問題。

擁有這種意識有助於培養「雙向思維」的能力，而這種思考能力對於提升財商十分重要。

什麼是「雙向思維」呢？當店員推薦你一件商品的時候，想一想：「這個人為什麼要把這個賣給我？」或是在上司請你吃東西的時候，思考一下：「上司是出於什麼想法請我吃東西？」

一旦學會這樣思考問題，就能夠明智地購物，也能很好地回應對方的心意。如此一來，金錢的運轉也會變得順暢起來。

從贈送伴手禮開始，請一定要試試鍛鍊雙向思維的能力。

習慣⑰
只蒐集高品質的資訊

擅長和資訊打交道是提高財商必不可少的能力。我們平時接觸、吸收的資訊，會在潛移默化中影響我們大大小小的選擇與決定，甚至會塑造我們的人生觀。

就像注意攝入的食物一樣，我們也應該不斷地提醒自己，大腦要攝入「更高品質」的資訊。

毫無依據的流言蜚語、娛樂圈的緋聞八卦、煽動性的促銷廣告…許多人打開手機漫不經心地看個幾眼，卻在不知不覺中被「資訊漩渦」吞沒，我們有限且寶貴的時間就這樣被剝奪了。所以，要養成習慣經常問自己：我們看到的、聽到的資訊是否值得我們為此付出時間呢？

在這裡，我希望大家回想一下前面提到的「雙向思維」這件事。

月初的某個夜晚，閒來沒事的你正在上網亂逛，突然頁面

上方彈出了一個「深受 30 歲女性喜愛的化妝品排行榜」的視窗。

　　你出於好奇，點了網頁，是一排排人氣化妝品的商品介紹和評價，還附上了素顏美女明星的使用感受。看到最後，映入眼簾的是這樣一句文案：「今晚十二點前下單即享七折」。讀到這裡才注意到原來是某化妝品公司的促銷廣告。

　　如果想著「今天下單打七折？那就買吧，反正剛發薪水」就立刻下單，那你還不能稱得上是學會了雙向思維。如果你已經具備雙向思維能力，就一定會產生疑問。試著站在銷售者的立場上問問自己：「為什麼讓我看到這個資訊呢？」、「為什麼把我當作資訊的接收者呢？」這樣也許就會發現：「如果對於排行榜和好評比較在意的話，或許就被騙了」、「正好是月初發薪水的時候，所以就以女性為目標受眾而加強了促銷力道」。

　　通過思考資訊發送方的意圖，就能養成習慣，冷靜地判斷是否應該接收這個資訊。看清資訊發送方究竟是誰、懷著何種意圖，只去接觸那些你認為吸收之後能獲得個人成長的高品質資訊。

　　我自己作為資訊源，重視的仍然是人。

希望大家能從值得信賴的人所說的具有正確依據的話語裡，得到成長的啟發。

另外，精心製作的書籍也值得參考。有人說，網路上什麼資訊都有，因此書越來越賣不出去了。然而，完成一本書需要要很多人的努力，經過多個階段的校對修改，彙集最精華的資訊（不過，也有的書籍品質是參差不齊的）。

在某個領域名聲顯赫的人物，總結歸納自己所有的知識和經驗並整理成精華內容，以幾百元的價格販售出去，你不覺得這是物超所值的購物嗎？

假設作者 50 歲，我們只需花費幾百元就能夠獲得作者數十年人生中累積的寶貴經驗，這是一種非常高回報的投資。所以我開始積極地閱讀超越時代的名著佳作，或是感興趣的作者所寫的書籍。

不過，我儘量不讀理財雜誌。我覺得像月刊這種定期出版的刊物資訊，都是當時社會較為關心的時事話題和推薦的投資產品等，無可避免地會偏向提供一些近期有限的資訊。我更希望能以長遠的視角與金錢打交道，所以儘量注意不被理財雜誌上的資訊所左右。

但如果遇到了比較關心的話題，還是要深入考慮其本質，追根究柢地思考。不過，當下的我們或許很難擁有深入挖掘資訊的時間。

如果經常問問自己，現在的我應該深入接觸什麼資訊？相信大家漸漸就不會再被無用資訊所干擾。

習慣⑱

思考金錢的「目的地」

　　希望大家透過即將介紹的習慣 18 和習慣 19 重新思考一下金錢的「目的地」。

　　有人會覺得不可思議：「金錢還有目的地？」

　　當然有。而且金錢的目的地是由我們日常的每個行為所決定的。

　　請回憶一下，最近你都在哪些店裡用餐？

　　是公司附近剛剛開幕的人氣餐廳連鎖店？是從家裡步行一會兒就能到達的咖啡廳？還是讓人一聞到香味就會變得元氣滿滿的麵包店？那麼，你支付的錢在這些地方變成了什麼呢？可能首先你會想到的是「化為食物吃到肚子裡，轉化為飽腹感和滿足感」。

　　請你重新站在你所付出去的金錢的立場上，想一想你的錢到底去了哪裡。

　　如果在連鎖餐廳用餐，你付過的錢就會流向企業，轉化為企業內部市場部門的宣傳費、工廠機器的維護費用…等，也就是說你的錢付給了企業。如果是個人經營的店鋪，你支付的費用就會直接到店主手裡，這也是對主廚的能力和他烹飪技術的回報。當然，店主會用這些錢精心採購食材或更換新的桌巾，主廚也會為了提高料理水準反覆測試，你支付的錢就成為這些成本。

　　你覺得哪一種去向更能讓你感到開心呢？這個問題的答案顯然是因人而異的，重要的是我們要意識到金錢的去向。如果你覺得付錢是向收錢的那一方表示「我想支持你」，每天的消費行為或許就會發生些許變化。

　　最近，在一些高級超市裡經常能看到附上生產履歷和栽種者介紹的商品。比如一些有機蔬菜的包裝袋上貼著照片，寫著「這些生菜是我種的」。我覺得將金錢的去向視覺化，是一種非常好的趨勢。

像這樣，對商品流通環節和商品的可追溯性比較敏感，就能擁有決定金錢去向的能力。

雖然前文以購物為例進行說明，不過我更希望大家能夠把思考金錢的目的地這個方法運用到資產管理之中。

想像一下，把錢存到銀行裡，這些錢的目的地是哪裡呢？今天早上你在捷運站的 ATM 裡存的錢去了哪裡呢？也許你會覺得：我銀行帳戶裡的餘額增加了，所以目的地不是我自己嗎？事實並非如此。

銀行這種金融產業是透過使用我們的存款來獲取利益的。也就是說，把錢存入銀行的那一刻起，你的錢就被企業用來貸款或購買債券的錢了。

我見過很多人「害怕投資，所以只儲蓄」。其實哪怕只選擇儲蓄，也會在無意中參與投資。

想想金錢的目的地，是不是覺得原本與自己無關的投資離自己更近一步了呢？

「錢」不琢不成器

在習慣 18 中，我提到了要對金錢的「目的地」保持敏感，還談到了我們在銀行裡的存款其實變成了投資的本金。

相信大家現在已經有了這種意識——我們所付出去的、存進銀行的錢不會停留在某處，而是到了其他地方，用於支持別人或是參與投資活動。

因此，我希望大家能認真考慮一下投資的事情。

說到投資，可能很多人會敬而遠之，認為這是只有具備專業知識背景的理財高手才能做的事情。實際上，跟我學習理財知識的女性學員也經常會說：「雖然我對投資有興趣，但是什麼都不懂啊」。

我們花的錢都是有目的地的，以此為基礎，讓我們更簡單地來看待一下這個問題。其實，所謂投資，就是為所擁有的錢選擇去向。

玉不琢不成器，同樣的道理，「錢」不琢也不成器。如果因為家裡是安全的、在家裡不會受傷，就把孩子關在家裡，孩子就會失去成長的機會。

見識廣闊的世界，廣泛累積經驗，得到一次又一次的成長。正如鍛鍊一個人使其成長一樣，請給你的錢一個成長的機會。

之前說過，你像往常一樣在 ATM 裡存的錢，會被銀行用作本金，最後被別人拿來投資。所以，不如自己有意識地決定金錢的目的地。怎麼樣？有沒有躍躍欲試呢？

如何才能讓寶貴的錢「成長」，然後「學成歸來」呢？像選擇升學、留學、實現自我價值的工作，或像挑選一個能夠提升生活品質的環境那樣去投資，就會降低心理門檻，以一種雀躍的心情開始投資。

用這樣的心態看待投資，不僅能收穫快樂，還能讓你的金錢增值。想要搞清楚金錢的增值點，就要想想哪個領域的前景不錯，為此必須要打開你的「天線」去蒐集資訊。

如果是初學者，可以從比別人更擅長且喜愛的領域開始深入研究。

假設你是一個化妝品愛好者，美容雜誌讀得比朋友多，也更了解新產品的資訊。如果你注意到某種具有劃時代意義的美容成分受到世人矚目，請調查一下這種成分的開發公司和獨家銷售公司。

如果是自己擅長且喜愛的領域，調查也會變成一件樂事。如果調查後發現那家企業獨具特色、前景大好，而且已經上市，那就可以試著用部分資金來買些股票。

這就是自己選擇金錢走向進行投資的方法。如果是自己喜歡且認可的股票，即使投資失敗了，也能汲取教訓。從中進一步分析失敗的原因和自己做選擇時忽視的環節，還要想想如何才能成功，然後進一步學習。

如果覺得自己沒有什麼特別感興趣的領域，或覺得一開始要獨立選擇會感到不安，也可以向證券公司諮詢一下。如果是因為「別人推薦我這個所以就買了」的做法肯定是錯誤的。

這樣不僅無法鍛鍊選擇金錢去向的能力，萬一最後希望落空了，你只會把錯誤歸咎到別人身上，而不會自己去思考：為什麼沒有達到我的預期。這種學不到東西的投資，單純只是一種賭博行為罷了。

　　以上舉的例子是大家比較容易理解的股票。事實上，用於投資的錢大致有五種去向，即股票、債券、不動產、商品、外匯。讓我們考慮一下，要透過哪種形式讓錢得到歷練呢？

　　我大致解釋一下這五種投資。

·股票投資

股票投資，就是投資某個公司，購買前景好的公司的股票進行投資，這就是股票投資，公司獲得利益後按配額分配股息。隨著股價本身的漲跌，投資也會出現盈虧，無法保證能夠收回本金。

·債券投資

債券投資，是透過借錢給別人賺取利息。具有代表性的是國家發行的國債。與股票不同，債券不僅能賺取利息，到期後還會歸還本金，是一種比較穩健的投資方式。

·不動產投資

不動產投資以土地和建築為投資對象。有兩種獲利模式，一種是在房價上漲時賣出獲得利潤，另一種是把房子租給別人收取房租。

·商品交易

商品交易是對買賣的商品進行投資，例如原油、黃金、大豆…等，主要是預測商品價格的期貨交易。雖然商品交易可以輕鬆地在網路上進行，但是商品價格本身難以預測，波動較大，對於初學者來說其實很難操作。

·外匯投資

在購買外國股票和債券時，需要換匯。隨著台幣升值或貶值，貨幣匯率每天都會發生變化，外匯交易投資獲取的就是這個過程中的差額利益。

我想順便提一下信託投資。信託投資正如字面上的意思，說到底還是帶著商品的外殼，將股票、債券、不動產…等各種產品放在一起的投資形式，所以不列入上面的分類當中。

　　如果把這五種去向作為五個單獨存在的「島嶼」來描述，大家就更加容易理解投資了。債券這座島嶼天氣不錯，股票的島嶼卻可能在下雨。「接下來哪個島是好天氣呢？」需要向值得信賴的天氣預報員（也就是投資專家）尋求一些建議，再試著自己去解讀一下氣象圖（包含海外新聞…等資訊），就能鍛鍊自己的投資能力。

投資的五種形式

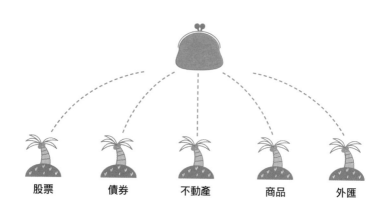

股票　　債券　　不動產　　商品　　外匯

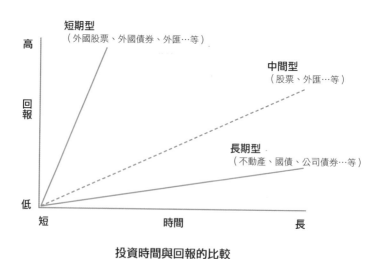

投資時間與回報的比較

114

我想再次強調一下，最應該重視的是你自己喜歡且擅長的領域。

如果計劃去海島國家旅遊的時候，你一定不會選擇廣告上沒看過、沒興趣、無法想像旅遊環境的島嶼。同樣的，可以用這種感覺來進行投資。

這五種投資僅供參考，每個人賺錢的目的、志向、性格不同，也會有適合與不適合的情況出現。

不論風險高低只想盡快獲得收益的人，適合選擇短期投資（成長股、外國債券、外匯…等，在短期能有結果，但風險也比較高）。

相反地，希望盡可能降低風險，使投資獲得長期穩定增加的人，則適合選擇長期投資（不動產、國債、公司債券…等，透過長時間的投資獲取收益，風險較低）。追求風險和投資報酬率並且延伸自己的喜好和擅長領域而進行投資的人，金錢嗅覺靈敏，可以選擇中間型（股票、外匯…等）。

請依據自己的目的和志向來選擇適合你的投資方式。

専欄 3

一直租屋還是買房？
優質生活的居住計劃

「暫時還沒有結婚的打算，也可能一直單身。自己是不是應該先買個房子呢？」

在越來越多的人選擇不婚或晚婚的當下，經常有人問我：「該租屋，還是買房呢？」

那麼，投入大量資金買房意味著什麼呢？如果我們認真思考一下，就能理解為兩種意義。第一，買房意味著擁有了無論何時都能安心居住的空間。第二，買房意味著擁有了不動產資產。只要還清貸款，就擁有了一個屬於自己的避風港。

以現代社會來說，大多數女性都比男性更長壽，因此不論結婚與否，都有很大的機率會一個人度過晚年，自己走完人生

的後半程。在晚年的獨居生活擁有一間屬於自己的房子，可以過得非常安心。如果一直租房的話，則要付一輩子房租，這兩種方式還是有很大區別的。

即使現在每個月付房租的壓力並不大，也有必要計算一下在退休後是否每個月還能付得起。假設 60 歲退休，一直活到 80 歲。在這二十年裡，每個月都要付房租（在房租不漲的情況下），一年是數十萬元。也就是說，二十年下來必須要支付數百萬元的租金費用。如果每年房租以 10% 的幅度上漲的話，這樣費用就更高了。

所以，從控制每個月的支出以及總支出來看，趁著年輕買間房子，在退休前還清房貸，是更讓人安心的做法。

請注意，重點是在退休前還清貸款。在一些房屋買賣的廣告和仲介公司的估算中一般設定的是「貸款三十年」，但這是一種假設，即 30 歲買房，60 歲退休時還完貸款的模式。30 歲購房需要貸款三十年，40 歲購房則只能貸款二十年。因為購房是大型購物行為，所以大家不要被這些基本的數字所欺騙。

　　讀到這裡，可能有人會覺得果然還是應該提前先買房子。但是從選擇一種生活方式的層面來看，租房也有很大的優點。簡單來說就是靈活性。租屋意味著任何時候都可以輕鬆更換居住地。像是跳槽或工作場所的變更、結婚、生子、孩子升學⋯等，畢竟人生有很多轉捩點。如果需要更換居住地，租房的人無論何時都可以隨時搬家，這是租房非常大的優點。

　　另外，房子從購買的那一天起就開始折舊。而如果是租屋，就可以輕鬆住在擁有最新配置的房屋裡。

　　假設一位女性經歷了結婚生子，最終一個人安享晚年。我們需要設計一套方案，既能帶來自己擁有房子才有的安心感，還能兼得租屋才能享受的自由。下面所列舉的僅供參考：

‧20 ～ 30 歲的單身期

　　購買一間上班方便的一房一廳住宅。

‧結婚生子

　　以夫妻雙方名義購買一套接近市中心的三房兩廳住宅。出租以前的一房一廳住宅賺取房租，可以用房租還貸款（這樣既

減少了負債，又增加了資產）。

·孩子升學

搬到孩子的高中附近，度過三年租屋生活。把三房兩廳的房子租給其他家庭，以租還貸。孩子上大學後，父母可以搬回三房兩廳的房子享受兩人世界。

·晚年、丈夫去世後的獨居生活

這時兩間房子的貸款已經還清。因為只有自己一個人，可以搬回一房一廳的房子。把三房兩廳的房子出租以收取房租，用以貼補生活及養老。如果生活難以自理，可以把兩間房子賣掉，用這筆錢選擇一家養老院。

大家感覺如何？是不是覺得這是一種靈活且從容的生活方案呢？即使遭遇了離婚、失業…等人生變故，無法在夫妻雙方共同購買的房子裡繼續居住，因為有自己單身時買的房子，也能最大限度地規避風險。

但這個例子有一個重要的前提，那就是你買的房子應該是適合住、適合租、適合賣的優質房屋。如果無人租、無人買、

住起來也不方便，那麼房子只能成為你的負擔。

住宅，說到底還是豐富個人生活、促進人生發展的物件，而不是束縛人的累贅。希望我們在規劃住宅計劃的時候，無論如何都不要忘記這一點。

我想告訴大家一個選購優質房產的知識，即「200 倍 1 房租法則^(註)」。

這個法則的具體內容是什麼呢？如果房子的銷售價格低於同等條件住宅的月租的 200 倍以下，就可以說買房更加划算。但如果超過了 200 倍，則租房比較合適。

舉個例子，喜歡的房子售價是 3 千萬日幣，接著先上網看看房屋資訊網，搜尋一下同等條件住宅的房租。如果月租為 18 萬日幣，18 萬日幣 ×200＝3 千 6 百萬日幣。

3 千 6 百萬日幣＞3 千萬日幣，所以買房可能更合適。

這裡的「200 倍」是基於不動產投資領域中租金報酬率為

6%的條件設定的，所謂「租金報酬率」指的是預期租金收入與房屋購買價格的比值。

到底什麼樣的房子可以長期豐富我們的生活呢？以長遠眼光好好思考一下這個問題，是制定幸福居住計劃的第一步。

註：這裡的「200 倍」法則，是基於日本的房地產市場以及投資報酬率做出的判斷。讀者可以根據自己所在城市的房地產市場以及期待的投資報酬率計算後再判斷。

Part 4

女人該如何拓展自己的
人生軸與金錢軸

習慣⑳

成為關心他人支出和時間的女性

　　如果你有這樣的想法：想和珍貴的朋友、戀人構建良好的關係；希望受到主管的賞識和重用；希望能夠被周圍的同事們信任……那麼，我希望大家能夠不斷提高自己關心他人支出的意識。

　　以下舉幾個例子，看看你自己是否符合：

· 在餐廳點餐時，一聽到對方要請客，立刻就點比較貴的菜。
· 平常用走路就能到的地方，知道公司可以報公帳，想都不想就改搭計程車去，甚至坐到更遠的地方去。
· 跟朋友借錢吃午餐，說著「明天還你喔」，結果到現在都沒有還。
· 自己安排旅遊自由行的時候會儘量選擇特價機票，但是洽公出差的話，完全不比價，直接就買機票了。

　　如果你有過以上任何一種行為，就說明你有必要稍微鍛鍊一下對於他人支出的敏銳度了。

問題就在於，你花自己的錢和別人的錢時的態度截然不同。自己的錢就想盡辦法節省，花別人的錢卻隨隨便便。這些行為都被別人一一看在眼裡，慢慢地就會影響別人對你的信任度。

特別希望大家能夠重視的是借錢和還錢。朋友之間借錢充其量也就是一兩百元，最多不超過 1 千元。然而，小錢不及時還，失去的可是巨大的信任。

如果對方發現你一而再、再而三地借錢卻不還錢，哪怕只是一頓午餐錢，或者幾次下午茶的錢，久而久之，對方就會想要和你斷絕往來。

跟朋友借錢不需要支付利息，有的人就怠慢了還錢的事。但是請不要忘記，跟朋友借的錢附加了很高的信用利息。有借有還，再借不難。這是不可動搖的原則。

對待他人的時間也是同樣的道理。

不，應該說對待時間反而更加慎重。**我們的人生是有限的，哪怕你是一個長壽的人，現在的每一分每一秒也都在流逝。**

尤其女性比男性更愛聊天，所以請格外注意這一點。我們經常會跟朋友商量一些事情，佔用了朋友的時間，卻重複著沒有結論的交流，對朋友提出的建議也是心不在焉。結果既沒有採納朋友的建議，也沒告訴朋友最後事情到底怎麼樣了。得來不易的友情變得岌岌可危，是非常令人遺憾的一種行為。

我一般會儘量用自己的思考先得出結論，在自己無法解決、不得不請求他人幫助給出建議的時候，我都會本著一定要接受對方建議的前提，然後再向合適的人請教。

想像一下，因為商量事情而佔用了對方幾個小時，原本在這些時間裡對方能做多少事情呢？這樣想一想，自然就會繃緊神經意識到自己必須採取和對方犧牲的時間價值相當的行為。

在佔用他人的時間時，就應該擔負起相對的責任。我認為，抱有這樣的態度來面對對方才是真正地為彼此的時間負責，才能有效地解決自己所面臨的問題。

關心他人的支出和時間，這種方法在工作中也非常重要。因為是公司經費就揮金如土的人，絕對不會獲得公司交辦重要案子的機會；毫不在意時間，拖拖拉拉地加班的人，只會得到一個工作效率低下的評價。

　　公司經費涉及公司利益，能夠節約使用公司經費的人和下功夫在短期內做出成果的人，會慢慢累積別人對自己的信任，形成一筆個人的無形資產，推動著未來收入的增加。

　　小事情蘊含著大道理，這種方法會讓你在不久的將來收穫豐碩的果實。

習慣㉑

就算談戀愛，也要提高財商

戀愛的形態因人而異。如果你期望的是雙方加深信任、共同成長，最終能夠共度一生的戀愛形態，就有必要提前認清雙方在金錢觀方面的匹配度。

金錢觀的表現形式極其簡單，一個人使用金錢的方式就能體現出一個人的金錢觀。把錢用在什麼地方，能夠如實地反映出一個人對生命中的各種事物的真實排序，從而反映出他的價值觀。

僅僅關注現有收入的多少是不夠的，了解對方在日常生活中把錢用在什麼地方是看清一個人金錢觀的要訣。然後再與自己的金錢觀進行比較，或多或少會發現一些不同之處。

· 比如獎金的使用方式，你提議兩個人去旅遊，男友卻說：「算了吧，我想買之前一直想買的音響設備，還是不要去旅遊了」

· 男朋友說：「我想報一個課程去考證明，學費需要 2 萬元」，
而你下意識地回答：「這也太貴了吧，還是存起來更好」

· 約會的時候去看電影，距離電影開場還有一個小時，男朋友
提議：「電影院附近有一家氣氛很不錯的咖啡廳，我們坐計
程車去喝個東西吧」，而你卻說：「坐計程車太浪費錢了，
我們慢慢走過去吧」

上面這些兩個人合不來的情況，其實都是金錢觀不一致造
成的，雙方對於把錢用在何處的價值觀並不相同。

這種金錢觀的匹配度也是建立伴侶關係時的重要因素。因
為把錢用在什麼地方的價值觀，直接影響著一個人選擇生活方
式的人生觀。因此，當你想要與對方構建並保持長久的戀愛關
係時，我強烈建議大家能夠有意識地觀察雙方在金錢觀上的匹
配度。

相信一定會有人問：「萬一發現我深愛的男友和我的金錢
觀有著很大的分歧，我們就只能選擇分手了嗎？」

我的答案是：「不，未必如此」。

　　如果你想要一直和他在一起，可以努力地使你們兩個人的金錢觀達成一致。如果真的特別喜歡對方，自然也能心甘情願地調整自己以符合對方的價值觀。

　　舉個例子，男朋友的花錢判斷基準非常高。這裡的「高」說的不是收入高，而是判斷什麼重要時刻需要花錢。他並不是揮霍無度的人，而是能夠在關鍵時刻毫不吝嗇地拿出錢的男性。他會在旅遊的時候慷慨出錢去體驗獨一無二的高級料理，或者買一支能夠使用很久的鋼筆，甚至為了提升自我而購買大量書籍，報名參加昂貴的課程……多多學習對方這種對於重視事物毫不動搖的態度，你自己使用金錢的方法也會有所進步。

　　當然也有相反的例子。對方用錢的方式並不穩定，還經常衝動消費。這時，如果讓對方看到你使用金錢的方法，或許可以引導對方改善自己的用錢方式。**當然，一定要注意自己的花錢原則不要被對方影響。**

　　此處的關鍵字仍是雙向思維。請站在對方的立場上，想一想「為什麼他想花錢在這上面呢？」

　　我們回到前面說的看電影時坐計程車去喝咖啡的例子，花錢坐計程車能為他帶來什麼呢？他一定是想帶你到有氣氛的咖

啡廳，和你度過幸福的兩人時光。以他在日常生活中的價值觀來看，用金錢購買時間是非常合理的行為。

此外，金錢觀不一致很容易使你對對方產生不滿的情緒，但對方可能同樣也對你感到不滿。時常以客觀的角度來看待問題，思考「他是怎麼看待我的金錢觀的呢？」你的行為就很有可能會改變。

從對方的金錢觀中學習對方對待金錢的方式，同時磨鍊自己的財商。以這種意識建立起兩個人的伴侶關係，不僅能從整體上提高自己在日常生活中與金錢打交道的能力，還能提升你的個人高度。

陷入熱戀的時機，也是磨鍊財商的時機。如果能夠收穫一段使自我成長、使人生受益的戀愛，自然是再好不過的事情了。

習慣 ㉒

想像一下你的最低限度生活支出

慾望會促進人成長。「想要過更好的生活」、「想在工作中表現得更加出色」、「想要遇到更好的人」——這些都促使我們成長。

但是對於金錢，我們要善於控制這種「慾望」，這是能夠使我們愉快生活的重要技巧。

假設一個月薪 3 萬的人被問到「你一個月賺多少錢會滿足？」的時候，他回答是 4 萬。那麼，當月收入真的達到 3 萬後，再面對同樣的問題時，又會有什麼樣的答案呢？相信對方絕對不會回答「我已經滿足現在的收入了」，而是會提出一個更高的數字。有了錢，任誰都會覺得安心。但有了 10 萬，還想要 1 百萬，而有了 1 百萬，又會想要 1 千萬，人們對於金錢的渴望是永無止境的。

究竟怎樣才能得到滿足呢？答案就是接下來要介紹的方法：想像一下你的最低限度生活支出。

回想一下自己每天的生活，試著想像一下維持自己生活的最低支出。

重點是從金錢流量的角度來考慮，即思考月收多少才能生存下去，而非從存量的角度，也就是讓人安心的存款數字進行思考。我們的生活是由日常支出累積而來的，所以通過收支平衡來計算最低金額是最符合生活實際的方法。

話說回來，你能立刻計算出自己的最低限度生活支出嗎？為了提出具體金額，讓我們這樣想一想：

當你一個人（如果有其他家庭成員，就和家庭成員一起）移居到一片完全陌生的土地上，在一切都需要從頭開始的時候，你覺得能夠維持生存的最低金額是多少呢？

已有的物品可以繼續使用，重新環視一下家裡，生活必須品應該早已囤好了，睡覺的床也有了，一年四季的衣服基本上也夠穿。那應該選擇什麼樣的房子呢？如果說現在住的兩房兩廳月租是 3 萬，那麼到了新地方，最小要選擇幾坪的房子呢？

或許你會想，月租 2 萬的一房一廳可能就夠了。外出用餐控制在每週兩次以內，剩下的時間都自己下廚，這樣大概可以

省下 30% 的餐費。衣服的話，穿目前現有的就可以了，並將其視為穿衣的最低標準。像這樣，在靈活使用已有物品的前提下思考一個月的最低支出，就能掌握維持自己生活的最低收入。

這樣一來，就能明確自己的「滿足底線」。只要找到自己的滿足底線，就可以獲得安心感，不必再為此而煩惱。

前文提到的例子中，月收 3 萬的人的滿足底線可能是 4 萬，這之間的差額其實是在滿足底線的基礎上讓生活更加幸福的費用。也可以將其視為「提升自身幸福感，為自己的未來進行投資的費用」。算出最低金額後，對月收 3 萬的看法也會發生翻天覆地的變化。

如果知道了自己生活的最低金額，大膽挑戰就變成了一件容易的事。

我在創業時期或迎來其他人生轉機的時候，經常會思考最低限度生活支出，這樣能夠明確知道底線的安心感，也能以此為動力不斷進行挑戰。

我們不知道自己的人生會發生些什麼。但是，如果提前了解能夠保證維持生活的最低支出，就不會再盲目焦慮了。

　　試著掌握這種方法吧，它能夠讓我們找到讓自己舒適的定位，也能夠為我們創造不斷挑戰的環境。

習慣㉓

如果感到迷惘，就投資自己

每當我們要用錢的時候，其實是以自己的意志做出選擇。而這些選擇都與我們的未來密不可分。

吃進肚子裡的食物，會轉化為人體所需的營養素，直接影響一個人未來的健康與美麗；週末看一部電影，留存在心裡的情景和女主角的經典台詞能夠培養觀眾的審美觀，也會對今後的生活產生或多或少的影響。

因此，把錢用在什麼地方是一個非常重要的課題。如果覺得二選一是個難題，不妨選擇能對自己今後的成長有幫助的那個選項，把錢花在這種「選擇」上，為自己投資。

投資，就好像面對未來持續進行的肌力訓練，很難立刻感受到效果，偶爾還可能會有些痛感。

然而，它能確實地鍛鍊到你的肌肉，這種日常訓練可以讓你在時機成熟的時候高高躍起，這就是投資。

　　舉個例子，在規劃旅遊時，是選擇已經去過幾次的夏威夷，還是選擇沒去過的北歐國家呢？如果感到猶豫，就請選擇能夠提升五年、十年後的自己的那個選項。或許你的腦海裡會浮現出新的計劃：既然夏威夷已經去過很多次了，可以嘗試挑戰一下不用導遊，自己與當地人進行溝通的旅行方式。

　　跳槽也是人生中很難做出選擇的一個大難題。

　　是選擇收入比現在高卻不太能夠感受到價值的工作，還是選擇收入比現在低但是更加有趣的挑戰性工作呢？

　　從提升財商的角度來看，還是應該選擇有趣的、具有挑戰性的工作。

　　所謂「有趣的工作」，指的是能使我們長時間保持積極態度投身其中的工作。「具有挑戰性」指的是有著成長機會、加薪的可能性較高。

　　換言之，即使現在拿到的薪水不多，未來也有很大的可能性可以充分獲得本來屬於自己的酬勞。

　　希望大家可以結合前面習慣 22 中介紹的「最低限度的生活

支出」一起考慮。以最低生活收入的底線為前提，判斷標準會更加清晰，大膽挑戰也不再是一件難事。

此外，擁有「BS 感」會比「PL 感」更能幫助你為未來的自己進行投資。

突然出現的英文字母可能讓大家有些疑惑：PL 和 BS 是什麼？PL（Profit and Loss statement）其實是會計用語，指的是「損益表」。在這個表上能夠反映出收入與支出，以及收入減去支出的淨收益，用以管理資金流向。「BS」則是 Balance Sheet 的縮略語，即資產負債表，用以掌握資產總額減去負債（借款）後的淨資產。

普通的家庭支出管理大多依靠 PL 感，控制支出不超過收入，以節約為目的。如果想要進一步提高自己的財商，關鍵在於培養 BS 感，即提高自己的淨資產意識。提到資產，大家首先可能會想到的是存款和不動產…等金融資產，但其實還有比這些更加重要的事物。那就是它們的源頭——即自我能力與市場價值的提升帶來的「無形資產」。

成為能對社會做出更大貢獻的人，與「提高淨資產」息息相關。例如，為了提高個人技能去學習英語的學費，在 PL 上表

現為支出，但以 BS 來考慮的話，則是提升無形資產的經驗。

如何使用金錢來增加我的資產呢？請帶著這個問題來看待自己每天使用的金錢。

在意識到這種 BS 感之後，就能更加積極地為未來的自己進行投資了。想要盡情用錢的時候，大多數情況下也會用 BS 感來判斷這種想法是否合理。看到這裡，你是不是感覺躍躍欲試了呢？

比起 PL 感，BS 感更加重要。這是能夠促進自我成長的關鍵字，請大家一定要記住。

習慣㉔

立刻把自己從現在和未來的
雙重焦慮中解放出來

我發現很多女性會因為金錢問題而感到焦慮。

到了 35 歲左右，工作還算順利，不論結婚與否，生活也還算比較滿意。然而還是有很多女性會感到不安：如果真的有什麼萬一，自己的生活是否還能繼續下去呢？

深入探討這種心理的背後，可以發現她們的心裡有兩大焦慮因素。一種是對當下的焦慮：如果因為失業、離婚或其他的變故導致現在的收入和生活突然中斷了怎麼辦？還有一種則是對未來的焦慮：自己的晚年生活是否有保障？

之所以會陷入這兩種焦慮，其實是因為社會上的各種資訊在煽動、影響著我們的情緒。

電視、網路、雜誌…等媒體經常會出現這樣的內容：僅靠

養老金是不夠的！你的晚年生活有保障嗎？而談到晚年生活需要準備的資金時，少則幾百萬，甚至有的人推估接近千萬，數額之大讓人瞠目結舌。

希望大家能夠痛快地把自己從這兩種焦慮中解放出來，為此，我們只需要認真、具體地思考一下。

首先我們要明白一個大前提：晚年生活需要的費用是因人而異的。只要掌握了習慣 22 中介紹的能維持自己生活的最低金額，也就是「最低限度的生活支出」，應該就可以簡單地算出自己需要的養老費用。

假設你今年 30 歲，最低限度的生活支出是某個金額[註]。現代社會有延遲退休的趨勢，我們假定你需要工作到 65 歲退休，壽命為 80 ～ 90 歲。

那麼老年就是從 65 歲開始，直到 80 ～ 90 歲之間，用你預估每個月的最低生活支出金額計算出退休後需要的總金額。

若能在退休前還清房貸，晚年就不需要再支付了。將這些支出壓縮之後，就會發現實際需要的金額其實並沒有這麼多，所以上面算出的數字是有餘裕的。

　　實際計算後，退休需要用的金額可能會讓你心裡一驚！「我現在的存款遠遠達不到這個數字啊！」請先不要急，因為這些錢並不是此時此刻就需要，在退休前準備好就可以了。利用退休前的數十年間一點一點累積就可以了。依你預定的退休年限，每年都存到一個金額先做準備；如果再配合各種理財方式，或許不用到數十年，就可以輕鬆賺到目標金額。

　　也就是說，從這個月開始，每個月只需要存到你預定好的金額，晚年生活就能有充分的保障。**為了把自己從金錢的焦慮中解放出來，不侷限於當下，具備時間感也是非常重要的。**

　　在日常生活中，我們經常會被養老金過度束縛，結果導致自己錯過了很多只有當下才有的挑戰機會，可說是非常可惜也令人遺憾。養老金只要在晚年生活來臨之前準備好就可以了，如果已經開始行動，每個月事先存錢，自然也就不必再對晚年生活感到焦慮了。

註：作者在此指的是健康的老年生活狀態，依個人狀況可能還要另外計算醫療費或其他需要費用…等。請讀者預設各種情況，並根據自己生活的城市及物價來考量，再進行較符合自己現況的估算。

　　具體考慮過後，不會再將自己囚禁在對於晚年生活的焦慮之中，就能夠放心享受獨一無二的現在，勇於挑戰新鮮事物，不再膽怯。

　　另一種焦慮則是對於當下的焦慮。其實為了解決對於晚年生活的焦慮而做出行動的當下，這種不安也就隨之消失了。那麼，為了消除當下的焦慮要準備多少錢比較合適呢？每個人的生活方式不同，消費習慣不同，答案自然也不同。但我覺得即便是遭遇失業…等不可控的情況，最多在一年內應該也可以重新找到獲取收入的途徑。

　　現在我們已經知道，如果每個月需要的最低生活支出為某個金額，再實際算出來每年、每月需要存多少錢，就可以減少自己眼前的焦慮。像這樣，**先將需要的金錢數字化，我們的心情就能夠平靜下來，並且為此做好規劃與準備。**

　　接下來，只需要按著你的養老金存款計劃，於每個月確實存錢就可以了。對當下的生活會感到焦慮，其實是對於突發情況時不確定能否有一筆應急資金而衍生的擔心與不安，如果生活中沒有遇到突發情況，就可以把這筆錢存起來。

　　這樣算下來，為了排解當下的不安需要存到你目標的金額，規劃好從幾歲開始每個月要為自己存多少錢，再依照前文的計算方法，到了 65 歲累積的存款足以排解對晚年生活的焦慮。

　　請你以自己的最低限度的生活支出實際算出需要的錢。了解如何消除兩種金錢焦慮的方法之後，是不是覺得心情變得稍微舒暢呢？其實，只要把焦慮的問題視覺化，把解決方案具體化，從這個月開始行動起來，你就不會再為晚年生活的資金發愁了。

　　勇於接受當下僅有的挑戰，體會屬於此時此刻的幸福，把想要盡情學習、感受的事物放在第一位，好好珍惜現在的自己，活在當下。

習慣㉕
描繪自己十年後的理想生活

　　我在前文曾經提過，在了解自己的最低生活支出之後便能夠不再被束縛、展翅高飛，但是說到底，這始終是作為下策的「最底線」。

　　在這一節內容中，我希望大家能夠養成這樣的思維習慣：不被當下的收入困住自己，能夠不受拘束地描繪出自己想做的事情與自己的理想，勾勒出一幅「夢想藍圖」。

　　人們的行為活動往往只侷限於自己能夠想像的框框內，但人生會因為意想不到的驚喜而更加豐富。如果限制自己能夠達到的界限，就無法享受這種樂趣。

　　事實上，越是對金錢嚴謹的人越不擅長描繪夢想藍圖。

　　保險公司在說明保險產品時經常使用的「人生計劃表」就是一個非常典型的例子。

以現在的收入為基準，在幾歲結婚，在幾歲生子，孩子在幾歲獨立…等人生計劃表就是根據一般的人生模式來規劃一生的預算。

乍看之下，今後似乎可以放心了，但越是縝密地制定出安然度過一生的計劃，生活就越容易被框架所束縛。你會害怕遇到計劃以外的挑戰，漸漸難以應對預想之外的轉振點，人生就成了固定的樣子。我將這種現象稱為「人生預算限制」。

自己的人生被自己束縛住是很可惜的一件事。如果你也有這樣的感覺，那麼我建議你嘗試描繪出自己的夢想藍圖。

要做的事很簡單，只需要一邊想像自己五年、十年後的生活，一邊列出自己想做的事，把這些令人興奮的夢想寫下來就可以了。把它們寫在平日經常使用的筆記本或便利貼上（貼在自己每天能看到的地方）。用圖畫來描繪的話會更加具體，但是只用文字記錄也是可以的。

在義大利足球甲級聯賽中活躍的本田圭佑球員就是在小學的畢業紀念冊中具體地寫下夢想，並且最終實現了它。

　　以世界體壇的運動名將為例，能夠成功的人似乎都具備描繪夢想的能力。此外，不僅僅是擁有夢想，他們還有著將其作為目標不斷奮鬥、實現夢想的能力。**描繪夢想是任何人都能做到的事情，也不需要花費金錢。雖然不花錢，今後的行為卻會切實地發生改變。**

　　我每天都會記錄自己的夢想藍圖。現在已經寫了很多了，也有已完成後劃掉的一些構想。**因為夢想是完全取決於自己的，所以不要在意別人的想法，這也是描繪夢想藍圖的重點。**

　　現在的我會以純粹的心情面對自己，記錄下自己真正想做的事情。在記錄的時候，完全不需要考慮現實生活中的金錢、工作…等限制要素，只需要發揮自己的想像力就可以了，這會是一段非常快樂的時間。我的筆記本上列了這些「夢想」：

「去北極圈看極光」

「登上富士山山頂」

「能夠用毛筆漂亮地寫出自己的名字」

「自己設計陽台上的鐵絲欄杆造型」

「在客廳的魚缸裡養水母，悠然自得地觀察它們的夢幻姿態」

「穿上能夠配合不同場合的漂亮衣服」

「想了解一些關於乳酪的知識」……等

無論是大的夢想，還是只要有時間就能立刻實現的夢想，只要想到，我就會把它們記在本子上。

同時，我也親身感受到了夢想改變行動的效果。我特別想要實現的夢想之一，是在未來的某一天能在家裡弄一個音樂工作室，和家人一起演奏一場音樂會。為了實現這個夢想，我最近已經開始學習薩克斯和打鼓了。

湊齊籌備建立工作室的資金預計要花費很多時間，但是為了工作室正式建成的那一天，我決定從現在開始先學習演奏樂器。邁出小小的一步，就會為生活增添色彩。因為擁有想要實現的夢想，自然而然地就會減少無用的消費。

擁抱著夢想藍圖，不斷開拓人生的道路吧！

習慣㉖

如同深呼吸一般，延伸你的金錢軸

在之前的章節裡，我向大家介紹了能讓女性以堅韌、美好、愉悅的心態來享受人生的理財之道，接下來要介紹給大家的是最後一個方法。

請先慢慢地做一次深呼吸，一次深呼吸之後再進行一次，這次要做得更慢。

相信大家的心已經靜下來了，自己似乎也有能力展望更加遙遠的未來了。

「如同深呼吸一般，延伸你的金錢軸」——這句話想要傳達的就是這種含義，希望大家能夠以同樣的感覺來對待金錢。

金錢與時間是緊密相連的。不擅長與金錢打交道的人很容易會以「天」為單位來安排資金。提到賺錢的方法，也只會想到「用這個月的加班費做點投資」，這類人的視野僅僅侷限在

眼前而已。

　　擁有高財商的人，會用更有遠見的時間軸來審視金錢。他們不考慮一年後的薪水可以提高多少，而是考慮為了能在十年後達到某個年收數字那時應該做些什麼；他們不會去打造現在最流行的商品，而是想要製作出能夠暢銷五十年的人氣商品。

　　打開思維的格局，看清更加長遠的未來，自己的行為自然就會發生變化。這樣一來，就會為了能夠在十年後達到夢想目標前先學習必須的技能，尋求能夠累積經驗的機會，決定好每天應該做的小事情以實現大目標。

　　與時間為友，是提高財商必不可少的素養，也是希望能夠引起大家重視的最重要的修養之一。這樣的人才能夠活用技巧，以現在持有的錢作為本金投資自己的未來。

　　然而，現代人總是會不由自主地把自己的視野侷限於眼前的煩瑣事情中。總是重複著淺呼吸，慢慢地就會忘記要深呼吸去展望更遠的未來。

　　嘗試有意識地延伸我們的時間軸，獲得更加具有「寬度」的時間。

　　無論是在家裡還是在其他地方，只要在意識到的時候，就用五分鐘做深呼吸，調整自己的心態，就會發生不一樣的變化。

　　我偶爾會去看海。或許是因為我從小生長在海邊的緣故吧，僅僅是看著一望無際的海平線，就覺得自己終於從瑣碎的雜念中掙脫了出來，也延長了自己的時間軸。

　　也許，只有將自己置身於這樣的環境中，才能夠有效地使我們感受到自己的渺小，也能真切地感受到世界之寬廣。

　　你也可以透過高樓層建築的窗戶眺望遠方的景色，或是在陽台上仰望浩瀚星空。

　　現在的我們，站在未來給予我們的時間之路的一端。金錢為我們引航，它不僅偶爾會為我們拓寬道路，還是與我們共同邁向光明未來的同行者。至於是否要相信這位同行者並與其為友，則取決於你自己。

　　當你能夠抱有這樣的態度時，未來的你一定會閃閃發光，散發出更加自信的光芒。

專欄 4

成為媽媽後應該了解的「教育經費」和「技能學習成本」規則

養育孩子需要花錢。即使現在沒有打算要生孩子,但是光想著未來某一天會成為媽媽也會感到焦慮:究竟需要準備多少錢才夠呢?如果已經申請了生育津貼就能獲得一次性給付,基本上可以負擔生孩子的費用。

不過必須提前準備的是「教育經費」。

在一般情況下,一個孩子需要幾十萬到幾百萬元不等的教育經費,但這些錢並不是一下子就要支付的,只是一個總計金額。每位家長選擇的教育路線不同,教育經費也隨之不同。

孩子從小學到高中一直就讀於公立學校,或是從中學開始進入私立學校,不同的選擇所需的費用也有很大的差別。重要的是家長在任何情況下都不要「逞強」。我覺得,高中畢業之前的教育經費控制在每個月現金流的可支付範圍內是比較穩當的方式。

　　偶爾會聽到這種情況：「雖然家裡經濟條件一般，但周圍的人都說國際學校的教育水準更高，我們家的孩子當然也要進這樣的學校……但是僅靠每個月的收入根本不夠付學費的，只能取出一些存款了」。

　　這種行為其實暗藏著兩大風險。

　　首先，會導致養老資金準備不足。為孩子的教育花費過多，而導致父母手頭拮据，這種情況並不少見。為了不會在老了之後之後依賴孩子，我們應該制訂一個均衡分配的計劃。

　　此外，還有可能導致孩子自身負擔加重。如果到了孩子讀高中時還需要取出存款來維持學費的話，自然也就難以輕鬆地保證孩子讀大學的費用。

　　仔細思考一下孩子的成長過程，我認為最能反映孩子自身意志的就是高中畢業後選擇未來出路的這件事了。因為沒有存夠教育資金，使孩子不得不放棄在理想大學裡學習的夢想，是一件非常令人遺憾的事情。

　　如果實在沒有辦法的話，也可以透過助學貸款來支付學費，現在使用助學貸款支付學費的學生越來越多了。

　　但是，助學貸款其實是對孩子自身施加的借款（也有緩繳或延期的方式，但有各種條件的限制）。承擔著償還助學貸款的壓力進入社會，意味著從一開始就要擔負起不利因素。這樣自然存不到錢，結果還可能會延遲結婚，甚至延遲買房。

　　做父母的一定要明白，因為過於勉強自己未能提前準備孩子的教育經費，結果可能會為孩子的一生帶來傷害。

　　為了能夠全力支援孩子選擇未來的道路，在孩子高中畢業前，家長應該把學費控制在每個月家庭支出的合理範圍內，然後踏實地存下相對應的部分作為孩子上大學的費用，這是比較理想的計劃。

　　基於想要讀的大學和專業科目不同，以及大學所在的城市或國家不同，所需要的費用自然也不一樣，假設四年最少需要數十萬元至數百萬元的學費。為了在孩子 18 歲之前存下這筆費用，假設我們從孩子出生起開始存錢，換算下來是 216 個月，一個月規劃存下某個金額即可達成目標。

　　此外，除了學校教育成本之外還有一個費用需留意，就是學習才藝需要的花費。

孩子能夠學習的才藝有很多，例如鋼琴、游泳、舞蹈…等。相信很多家長是以月為單位準備學費的，覺得自己應該付得起每個月的學費。對於孩子學習技能一事，依照習慣 10 中介紹的與美麗投資相關的內容一樣，以長遠視角來計算總開銷是很重要的。

舉個例子，孩子參加每月數千元的游泳課，加上夏季集訓費用和泳衣、泳鏡…等費用，一年大概需要花費數萬元；如果持續三年，就要再乘上三倍。試著思考一下：三年內花費的這些錢，是想讓孩子獲得什麼樣的能力呢？

技能學習與規定教育課程的學校教育不同，它沒有規定的畢業時間。事先決定好畢業時機後再開始學習技能，是能夠靈活運用金錢的訣竅。

比如，幫孩子報名游泳課的時候，先與孩子商量好：「你的目標是學會游 50 公尺自由式，學會之後我們就停止上課」，這樣可以避免時間拖得太久而產生過多開銷，孩子自己也能滿懷成就感地從這個才藝項目「畢業」。

結 語

財商成就女性魅力

我意識到生財有道是十多年前的事了。理財規劃師這個職業在那個年代還比較少見，當時備考過程中的學習內容成了我歸納生財之道的契機。

那個時候我注意到，通常我們在考慮金錢的時候，一般只會想到「節約」、「儲蓄、「收入」這三件事。也就是說，我們在無意間默認了省錢、存錢、提高收入是正確的理財行為。

但讀完本書的您應該已經意識到了：事實上，僅依靠這三件事，不但不能掌握生財的方法，還可能過著無法擺脫金錢束縛的生活。在這本書裡，我多次傳達了合理對待金錢的訣竅。這是讓我們能夠活出真我、更加自由地享受人生的重要因素。

· 不侷限於眼前的金錢，為未來的自己進行投資；
· 除了自己的金錢，也要用心對待他人的金錢；
· 意識到能使你由內而外煥發光彩的用錢方法；

・以長遠視角與金錢打交道；

・不被世俗所左右，設定自己的判斷標準。

這些方法能夠為我們的生活帶來無限光芒。

「要事業有成」

「想磨練自我」

「想成為自己仰慕的那種人」

我想，每個人心中都有著理想的自我和憧憬的生活。為了能讓這些夢想變成現實，磨練自己與金錢打交道的能力——培養財商是非常重要的。

不想被金錢左右、渴望享受人生的你；想遠離金錢焦慮、處之泰然的你；想要過著經濟獨立且精神獨立生活的你。由衷地希望這樣的你，能在讀完本書後勇敢地邁出第一步，掌握屬於自己的生財之道。

正在為工作和家庭奮鬥著的你是優秀的，而這樣的你是否要試著認真考慮一下自己的未來呢？我堅信，唯有培養財商，才能從內而外地成就女性魅力。

高財商女子養成術

26 個生活小習慣培養理財意識，讓你擁有富人思維！

作　　者　大竹乃梨子、泉 正人（監修）
譯　　者　劉力瑋
內頁設計及封面排版　關雅云
責任編輯　蕭歆儀

總 編 輯　林麗文
副 總 編　黃佳燕
主　　編　高佩琳、賴秉薇、蕭歆儀
行銷企劃　林彥伶、朱妍靜

出　　版　幸福文化／遠足文化事業股份有限公司
發　　行　遠足文化事業股份有限公司
　　　　　（讀書共和國出版集團）

地　　址　231 新北市新店區民權路 108-2 號 9 樓
郵撥帳號　19504465 遠足文化事業股份有限公司
電　　話　（02）2218-1417
信　　箱　service@bookrep.com.tw

法律顧問　華洋法律事務所 蘇文生律師
印　　製　博創印藝文化事業有限公司

出版日期　西元 2023 年 11 月初版四刷
定　　價　380 元
書　　號　0HDC0052
ISBN：9786267184486
ISBN：9786267184509（PDF）
ISBN：9786267184516（EPUB）

國家圖書館出版品預行編目(CIP)資料

高財商女子養成術：26 個生活小習
慣培養理財意識，讓你擁有富人思
維！／大竹乃梨子 著、泉 正人 監修
；劉力瑋 譯 . -- 初版 . -- 新北市：
幸福文化出版社出版：遠足文化事業
股份有限公司發行，
2022.12　面；　公分
ISBN 978-626-7184-48-6（平裝）

1.CST: 理財 2.CST: 投資
3.CST: 女性

563　　　　　　111016678